农业风险多层次应对研究

杨卫军　郭晨阳 ◎ 著

北京理工大学出版社
BEIJING INSTITUTE OF TECHNOLOGY PRESS

内容提要

本书在消费平滑理论、社会网络内规避风险理论、交易费用理论、信息缺失理论、利益集团理论、政府偏好行为理论等基础上,首先结合我国农业发展和农业风险的现状,从经济学视角对我国农民的非正规农业风险应对行为和政府、保险公司的正规风险应对行为进行分析,揭示了我国农业风险应对低水平均衡的背景和原因。随后,探讨了农民的非正规风险应对模式以及政府和保险公司介入的正规风险防范模式的不同功能。最终,提出了在借鉴国外农业风险防范经验的基础上,同时重视农民个人、政府和保险市场每一主体的作用,采取政府提供政策和财政支持为基础、政策性农业保险为主、农民个人防范风险为辅的应对农业风险的多层次举措,以求尽快解决困扰我国农业发展、农民增收及社会稳定的农业风险应对的难题。

版权专有 侵权必究

图书在版编目(CIP)数据

农业风险多层次应对研究 / 杨卫军,郭晨阳著. —北京:北京理工大学出版社,2018.7

ISBN 978-7-5682-6029-9

Ⅰ.①农… Ⅱ.①杨…②郭… Ⅲ.①农业管理—风险管理—研究—中国 Ⅳ.①F324

中国版本图书馆CIP数据核字(2018)第179397号

出版发行 /	北京理工大学出版社有限责任公司
社　　址 /	北京市海淀区中关村南大街5号
邮　　编 /	100081
电　　话 /	(010)68914775(总编室)
	(010)82562903(教材售后服务热线)
	(010)68948351(其他图书服务热线)
网　　址 /	http://www.bitpress.com.cn
经　　销 /	全国各地新华书店
印　　刷 /	北京紫瑞利印刷有限公司
开　　本 /	710毫米×1000毫米　1/16
印　　张 /	10.5
字　　数 /	211千字
版　　次 /	2018年7月第1版　2018年7月第1次印刷
定　　价 /	58.00元

责任编辑 / 王晓莉
文案编辑 / 王晓莉
责任校对 / 周瑞红
责任印制 / 边心超

图书出现印装质量问题,请拨打售后服务热线,本社负责调换

前 言 Preface

农业作为国民经济的基础,其健康、稳定发展,对国计民生和社会稳定有着至关重要的作用。中华人民共和国成立以来,尤其是改革开放以后,我国农业得到了长足的发展,农民收入大幅度提高,农村面貌有了极大的改善,农村经济发展十分迅猛。但在经济体制与经济结构双重转型同时发生的背景下,作为经济再生产与自然再生产相结合的弱质产业,农业依然面临着来自自然、市场、技术、政策等方面的风险,我国农业风险的防范并没有随着国民经济的发展而同步改善,农业风险的有效应对依然低效甚至缺失。突出表现在当前以农民个人为主的传统农业风险防护模式——非正规风险规避机制的作用虽然在下降,但仍然不可被替代,而以政府和保险公司介入为特征的正规风险规避机制却难以迅速建立起来并发挥主要作用。这就意味着,单纯地强调农户、政府和保险市场某一方面的作用而忽视其他方面的作用是一种错误思想。

本书在消费平滑理论、社会网络内规避风险理论、交易费用理论、信息缺失理论、利益集团理论、政府偏好行为理论等基础上,首先结合我国农业发展和农业风险的现状,通过对我国农民的非正规风险应对行为(事前机制和事后机制)和政府、保险公司的正规风险应对行为进行经济学分析,揭示了我国规避农业风险的低水平均衡的背景和原因。进而探讨农民个人的非正规风险规避机制以及政府和保险公司介入的正规风险规避机制的不同功能及结合方式。最终,提出了在借鉴国外农业风险防范及管理的理论与经验的基础上,全面综合考虑,同时重视农民个人、政府和保险公司每一主体的作用，采取政府提供政策和财政支持为基础、政策性农业保险为主、农民个人防范风险为辅的应对农业风险的多层次举措，以求尽快解决困扰我国农业发展、农民增收及社会稳定的农业风险应对的难题。

  本书在写作过程中参考了大量的相关资料，在此对这些资料的作者表示诚挚的谢意。由于著者学识所限，书中难免有疏漏不当之处，敬请广大读者批评指正。

著　者

目 录 Contents

第1章 导论 ………………………………………… 1
1.1 研究背景及研究意义 ………………………………… 1
1.2 研究框架、研究方法和预期效果 ……………………… 11
1.3 可能的创新点与不足点 ……………………………… 13

第2章 国内外研究综述 …………………………… 14
2.1 国外相关研究及其评述 ……………………………… 14
2.2 国内相关研究及其评述 ……………………………… 20

第3章 风险及农业风险的相关理论 ……………… 28
3.1 风险的概念识别及分类 ……………………………… 28
3.2 农业风险的概念识别及分类 ………………………… 30
3.3 农业风险管理 ………………………………………… 40

第4章 我国农业发展与农业风险现状 …………… 43
4.1 我国农业发展现状 …………………………………… 43
4.2 我国农业风险现状 …………………………………… 63

第5章 我国农民非正规风险规避行为分析 ……… 73
5.1 农民应对农业风险的反应类型分析 ………………… 73
5.2 农民使用非正规风险规避机制的原因分析 ………… 75
5.3 农业风险发生前农民的事前应对行为——收入平滑 … 78
5.4 农业风险发生后农民的事后应对行为——
　　风险统筹和消费平滑 ………………………………… 82
5.5 农民非正规风险规避行为的负面影响 ……………… 86

第6章 政府介入农业风险的行为分析 …………… 89
6.1 政府应对农业风险现状及效果评价 …………… 89
6.2 政府失灵的原因分析 …………………………… 98
6.3 小结 ……………………………………………… 103

第7章 保险公司介入农业风险的行为分析 ………… 104
7.1 农业保险发展的现状 …………………………… 104
7.2 农业保险供需不足的原因 ……………………… 108
7.3 农业保险的经济学分析 ………………………… 113
7.4 小结 ……………………………………………… 115

第8章 国外应对农业风险的经验与启示 …………… 116
8.1 美国农业风险防范及管理 ……………………… 116
8.2 日本农业风险防范及管理 ……………………… 122
8.3 欧盟农业风险防范及管理 ……………………… 125
8.4 印度农业风险防范及管理 ……………………… 126
8.5 启示 ……………………………………………… 129

第9章 我国应对农业风险的多层次举措 …………… 130
9.1 强化政府在应对农业风险中的重要宏观基础作用 … 130
9.2 发挥保险公司在应对农业风险中的主要作用 ……… 142
9.3 发挥多层次应对农业风险的微观主体——
农民的作用 ……………………………………… 148
9.4 小结 ……………………………………………… 151

第10章 总结 ………………………………………… 152

参考文献 ……………………………………………… 154

第1章 导论

1.1 研究背景及研究意义

1.1.1 研究背景

中华人民共和国成立后,尤其是改革开放 40 年来,我国经济以平均每年超过 9% 的速度快速增长,远高于同期世界经济 3.3% 左右的年均增长速度,实现了持续快速的增长。我国的综合国力也进一步提高,经济建设取得了举世瞩目的成就,已经成为世界第二大经济体,对世界经济增长贡献率超过 30%。2015 年国内生产总值(GDP)67.67 万亿元,相当于改革开放之初 1978 年 3 645.2 亿元的 185 倍多;虽然同比增长仅为 6.9%,自 1990 年来首次跌破 7%,增长速度有所下降,但从 GDP 各分项数据来看,增长主要得益于服务业和消费业的强劲发展,经济结构调整优化取得进展。2016 年国内生产总值 744 127 亿元,按可比价格计算,比上年增长 6.7%;分产业看,第一产业增加值 63 671 亿元,比上年增长 3.3%,第二产业增加值 296 236 亿元,增长 6.1%,第三产业增加值 384 221 亿元,增长 7.8%。2016 年全国居民人均可支配收入 23 821 元,比上年名义增长 8.4%,扣除价格因素实际增长 6.3%[1]。另据国家统计局 2018 年 2 月 28 日发布消息,经初步核算[2],2017 年国内生产总值 827 122 亿元,比上年增长 6.9%。其中,第一产业增加值 65 468 亿元,增长 3.9%;第二产业增加值 334 623 亿元,增长 6.1%;第三产业增加值 427 032 亿元,增长 8.0%。第一产业增加值占国内生产总值的比重为 7.9%,第二产业增加值比重为 40.5%,第三产业增加值比重为 51.6%。2017 年全国居民人均

---

[1] 中华人民共和国国家统计局. 中国统计年鉴 2017. http://www.stats.gov.cn/tjsj/ndsj/2017/indexch.htm.

[2] 2017 年数据均出自:中华人民共和国国家统计局. 中华人民共和国 2017 年国民经济和社会发展统计公报. http://www.stats.gov.cn/tjsj/zxfb/201802/t20180228_1585631.html.

可支配收入 25 974 元，比上年增长 9.0%，扣除价格因素，实际增长 7.3%。

与此同时，伴随着我国经济的快速发展，我国农村也发生了翻天覆地的变化：20 世纪 50 年代，农村经历了从土地改革到农业合作社再到人民公社的巨大变化；改革开放后，家庭联产承包责任制又取代了人民公社制度，成为农村的基本生产经营制度；进入 21 世纪，又全面取消了农业税，实施农业补贴，即通常所说的"四大补贴①""两免一补②""新农合③""新农保④"等惠农政策措施。自 20 世纪 80 年代中国农村经济体制改革以来，农村经济取得了很大的发展：第一产业生产总值由 1978 年的 1 027.5 亿元增加到 2016 年的 63 671 亿元；农村居民人均纯收入由 1978 年的 133.6 元上升到 2015 年的 10 772 元（首次破万），比 1978 年增加了 79.63 倍。2016 年，按常住地分，城镇居民人均可支配收入 33 616 元，比上年增长 7.8%，扣除价格因素，实际增长 5.6%；而农村居民人均可支配收入 12 363 元，比上年增长 8.2%，扣除价格因素，实际增长 6.2%，增速已经超过了城镇居民；城乡居民人均收入倍差为 2.72，比 2015 年缩小 0.01⑤。2017 年，按常住地分，城镇居民人均可支配收入 36 396 元，比上年增长 8.3%，扣除价格因素，实际增长 6.5%；农村居民人均可支配收入 13 432 元，比上年增长 8.6%，扣除价格因素，实际增长 7.3%；城乡居民人均收入倍差为 2.71，比 2016 年又缩小 0.01。

总之，中华人民共和国成立后，我国农村发生的变化比过去几千年的变化还要激烈、显著。当前，工业化、信息化、城镇化、市场化、国际化深入发展，农业和农村正经历着更加深刻的变化。但也应意识到，在我国社会经济高速发展的背后，诸多改革和发展问题如果处理不好，国家将会面临巨大的危机，"三农"问题⑥更是重中之重。尤其在当前形势下，农业稳定发展、农民持续增收的难度在逐步加大。"三农"问题始终是关系党和国家发展的全局性和根本性问题。我国是发

---

① "四大补贴"包括粮食直接补贴、良种补贴、农机具购置补贴和农资综合直补。粮食直接补贴从 2002 年开始在粮食主产区开展试点工作，2004 年推广到全国；农机具购置补贴于 2008 年在全国开始推广，对一般的农业机械设置的最高补贴额为 5 万；农资综合直补是考虑化肥等价格变动因素，对农民进行直接补贴。

② "两免一补"政策是指 2001 年以来我国政府对农村义务教育阶段贫困家庭学生就学实施的一项资助政策，主要内容是对农村义务教育阶段贫困家庭学生"免杂费、免书本费、逐步补助寄宿生生活费"。其中，中央财政负责提供免费教科书，地方财政负责免杂费和补助寄宿生生活费。2005 年，中央和地方财政安排"两免一补"资金 70 多亿元，共资助中西部贫困家庭学生 3 400 万人。2006 年又从西部地区开始全部免除农村义务教育阶段学生的杂费，享受免杂费政策的学生达到 4 880 万人。2007 年，全国农村义务教育阶段家庭经济困难学生均享受到了"两免一补"政策。

③ 新型农村合作医疗制度，简称新农合，是由政府组织、引导、支持，农民自愿参加，个人、集体和政府多方筹资，以大病统筹为主的农民医疗互助共济制度。

④ 新型农村社会养老保险，简称新农保，是以保障农村居民年老时的基本生活为目的，建立个人缴费、集体补助、政府补贴相结合的筹资模式，养老待遇由社会统筹与个人账户相结合，与家庭养老、土地保障、社会救助等其他社会保障政策措施相配套，由政府组织实施的一项社会养老保险制度，是国家社会保险体系的重要组成部分。

⑤ 以上数字均出自历年《中国统计年鉴》。

⑥ "三农"问题是指农业、农村、农民这三个问题，其中农民问题是"三农"问题的核心。

展中的农业大国,农村人口占全国人口的半数。农业丰则基础强,农民富则国家富,农村稳则社会安。只有加快社会主义新农村建设,发展现代农业,增加农民收入,同时加强农村基层民主政治建设和精神文明建设,在农村形成和谐安定、健康向上的良好局面,农村社会稳定才有坚实的基础,国家长治久安才有可靠的保障。正因如此,早在 2003 年,中央就提出,实现全面建设小康社会的宏伟目标最繁重、最艰巨的任务在农村,没有农民的小康就没有全国人民的小康,没有农村的现代化就没有国家的现代化。中共十八大报告中也强调,解决好农业、农村、农民问题是全党工作的重中之重。2015 年,习近平总书记在陕西视察期间谈到"三农"工作时也说过,"民为政首,农为邦本。任何时候都不能忽视农业、忘记农民、淡漠农村。要加大统筹城乡发展力度,促进城乡基本公共服务均等化,让广大农民共享改革开放和现代化建设成果[①]"。在 2017 年 10 月 18 日召开的中国共产党第十九次全国代表大会上,习近平总书记在十九大报告里提出"要实施乡村振兴战略。农业农村农民问题是关系国计民生的根本性问题,必须始终把解决好'三农'问题作为全党工作重中之重。要坚持农业农村优先发展,按照产业兴旺、生态宜居、乡风文明、治理有效、生活富裕的总要求,建立健全城乡融合发展体制机制和政策体系,加快推进农业农村现代化。……确保国家粮食安全,把中国人的饭碗牢牢端在自己手中。构建现代农业产业体系、生产体系、经营体系,完善农业支持保护制度,……促进农村一二三产业融合发展,支持和鼓励农民就业创业,拓宽增收渠道"。"三农"问题并不单纯是农业、农村和农民问题,也不仅仅是中国现代化的基本问题,还关系到工业化、城市化、共同富裕、可持续发展等一系列中国社会发展的重大问题。

虽然我国的城镇化率已经接近 60%,但我国依然是一个农业大国的基本国情没有改变。同时,我国也是个农业弱国,农民在全国人口中依然占据将近"半壁江山"。但农民的平均生活水平在全国处于最低阶层,而农村的发展问题也千头万绪、错综复杂,"三农"问题是目前我国亟须解决的问题,引起了中央的高度重视。中共中央在 1982 年至 1986 年连续发布五个以"农业、农村和农民"为主题的中央"一号文件"[②],对农村改革和农业发展做出具体部署。事隔 18 年之后——从 2004 年又开始连续每年都下发一个以"三农"为主题的中央"一号文件",反复强调"三农"问题在中国的社会主义现代化时期"重中之重"的地位,详见表 1-1。"一号文件"中提到的问题是中央全年需要重点解决,也是当前国家亟须解决的问题,更从一个侧面反映出了解决这些问题的难度。

---

① 陕西日报评论员. 着力做好"三农"工作,扎实推进农业现代化——三论深入学习贯彻习近平总书记来陕视察重要讲话精神. http://cpc.people.com.cn/pinglun/n/2015/0302/c78779-26621661.html
② 中央"一号文件"原指中共中央每年发的第一份文件,现在已经成为中共中央重视农村问题的专有名词,该文件在国家全年工作中具有纲领性和指导性的地位。

表 1-1 "一号文件"主要内容

年份	文件名称	关键词	主要内容
1982	《全国农村工作会议纪要》	农村改革	对迅速推开的农村改革进行了总结。文件明确指出包产到户、包干到户或大包干"都是社会主义生产责任制",同时还说明它"不同于合作化以前的小私有的个体经济,而是社会主义农业经济的组成部分"
1983	《当前农村经济政策的若干问题》	家庭联产承包责任制	从理论上说明了家庭联产承包责任制"是在党的领导下中国农民的伟大创造,是马克思主义农业合作化理论在我国实践中的新发展"
1984	《关于一九八四年农村工作的通知》	稳定和完善联产承包责任制	强调要继续稳定和完善联产承包责任制,规定土地承包期一般应在15年以上,生产周期长的和开发性的项目,承包期应当更长一些
1985	《关于进一步活跃农村经济的十项政策》	取消农副产品统购派购制度	取消了30年来农副产品统购派购的制度,对粮、棉等少数重要产品采取国家计划合同收购的新政策
1986	《关于一九八六年农村工作的部署》	农村改革的方针政策	肯定了农村改革的方针政策是正确的,必须继续贯彻执行
2004	《中共中央国务院关于促进农民增加收入若干政策的意见》	农业支持保护 农民增收	要调整农业结构,扩大农民就业,加快科技进步,深化农村改革,增加农业投入,强化对农业的支持保护,改革和创新农村金融体制,加快建立政策性农业保险制度,力争实现农民收入较快增长,尽快扭转城乡居民收入差距不断扩大的趋势
2005	《中共中央国务院关于进一步加强农村工作提高农业综合生产能力若干政策的意见》	提高农业综合生产能力（取消农业税）	要求坚持"多予、少取、放活"的方针,稳定、完善和强化各项支农政策,要把加强农业基础设施建设,加快农业科技进步,提高农业综合生产能力,作为一项重大而紧迫的战略任务,切实抓紧抓好,进一步深化农村改革。鼓励商业性保险机构开展农业保险业务
2006	《中共中央国务院关于推进社会主义新农村建设的若干意见》	新农村建设	要完善、强化支农政策,建设现代农业,促进粮食生产稳定发展,加强基础设施建设,加强农村民主政治和精神文明建设,稳定、完善、强化对农业和农民的直接补贴政策,建立完善对种粮农民的支持保护制度,加快发展多种形式、多种渠道的农业保险,推进农村综合改革,促进农民持续增收,确保社会主义新农村建设有良好开局
2007	《中共中央国务院关于积极发展现代农业扎实推进社会主义新农村建设的若干意见》	现代农业 新农村建设	发展现代农业是社会主义新农村建设的首要任务,提高农业水利化、机械化和信息化水平,提高土地产出率、资源利用率和农业劳动生产率,健全农业支持补贴制度,建立农业风险防范机制,积极发展农业保险,按照政府引导、政策支持、市场运作、农民自愿的原则,建立完善农业保险体系。扩大农业政策性保险试点范围,各级财政对农民参加农业保险给予保费补贴,完善农业巨灾风险转移分摊机制,探索建立中央、地方财政支持的农业再保险体系。鼓励龙头企业、中介组织帮助农民参加农业保险

续表

年份	文件名称	关键词	主要内容
2008	《中共中央国务院关于切实加强农业基础建设进一步促进农业发展农民增收的若干意见》	加强农业基础建设，促进农业发展、农民增收、城乡经济社会发展一体化	加快构建强化农业基础的长效机制；突出抓好农业基础设施建设；逐步提高农村基本公共服务水平；完善政策性农业保险经营机制和发展模式。建立健全农业再保险体系，逐步形成农业巨灾风险转移分担机制。稳定完善农村基本经营制度和深化农村改革。要走中国特色农业现代化道路，建立以工促农、以城带乡长效机制，形成城乡经济社会发展一体化新格局
2009	《中共中央国务院关于2009年促进农业稳定发展农民持续增收的若干意见》	促进农业稳定发展与农民持续增收	加大对农业的支持保护力度，较大幅度增加农业补贴，稳定发展农业生产，强化现代农业物质支撑和服务体系，增强农村金融服务能力，加快发展政策性农业保险，扩大试点范围、增加险种，加大中央财政对中西部地区保费补贴力度，加快建立农业再保险体系和财政支持的巨灾风险分散机制，鼓励在农村发展互助合作保险和商业保险业务。探索建立农村信贷与农业保险相结合的银保互动机制。稳定完善农村基本经营制度，推进城乡经济社会发展一体化
2010	《中共中央国务院关于加大统筹城乡发展力度进一步夯实农业农村发展基础的若干意见》	加大"三农"投入补贴范围，提高统筹城乡发展力度	对"三农"投入首次强调"总量持续增加、比例稳步提高"，把林业、牧业和抗旱、节水机械设备首次纳入补贴范围。首次提出要在3年内消除基础金融服务空白乡镇；拓展了农业发展银行支农领域，政策性资金将有更大的"三农"舞台。提高农村金融服务质量和水平，积极扩大农业保险保费补贴的品种和区域覆盖范围，加大中央财政对中西部地区保费补贴力度；发展农村小额保险，健全农业再保险体系，建立财政支持的巨灾风险分散机制
2011	《中共中央国务院关于加快水利改革发展的决定》	加快水利改革发展	中华人民共和国成立62年来中央文件首次对水利工作进行全面部署。大兴农田水利建设；合理开发水能资源；搞好水土保持和水生态保护；加大公共财政对水利的投入；突出加强农田水利等薄弱环节建设；全面加快水利基础设施建设，加强对水利建设的金融支持；广泛吸引社会资金投资水利等
2012	《关于加快推进农业科技创新持续增强农产品供给保障能力的若干意见》	推进农业科技创新，增强农产品供给保障能力	突出强调部署农业科技创新，把推进农业科技创新作为"三农"工作的重点。持续加大财政用于"三农"的支出，持续加大农业科技投入，加大农业投入和补贴力度，发挥政府在农业科技投入中的主导作用，建立投入稳定增长的长效机制。提升农村金融服务水平，扩大农业保险险种和覆盖面，开展设施农业保费补贴试点，扩大森林保险保费补贴试点范围，鼓励地方开展优势农产品生产保险；健全农业再保险体系，逐步建立中央财政支持下的农业大灾风险转移分散机制

续表

年份	文件名称	关键词	主要内容
2013	《中共中央国务院关于加快发展现代农业进一步增强农村发展活力的若干意见》	创新农业经营体制，培育新型生产经营主体，发展现代农业	"保供增收惠民生，改革创新添活力。"文件涵盖农产品供给保障机制、农业支持保护制度、农业生产经营体制、农业社会化服务新机制、农村集体产权制度、农村公共服务等方面。健全农业支持保护制度，不断加大强农惠农富农政策力度；改善农村金融服务，健全政策性农业保险制度，完善农业保险保费补贴政策，适当提高部分险种的保费补贴比例；推进建立财政支持的农业保险大灾风险分散机制。创新农业生产经营体制，稳步提高农民组织化程度
2014	《关于全面深化农村改革加快推进农业现代化的若干意见》	粮食安全保障农村土地制度改革	完善国家粮食安全保障体系，完善粮食等重要农产品价格形成机制，继续坚持市场定价原则，探索推进农产品价格形成机制与政府补贴脱钩的改革；逐步建立农产品目标价格制度，2014年启动东北和内蒙古大豆、新疆棉花目标价格补贴试点，探索粮食、生猪等农产品目标价格保险试点；强化农业支持保护制度，完善农业补贴政策；建立农业可持续发展长效机制；深化农村土地制度改革；构建新型农业经营体系；加快农村金融制度创新，加大农业保险支持力度，提高中央、省级财政对主要粮食作物保险的保费补贴比例，鼓励保险机构开展特色优势农产品保险，鼓励开展多种形式的互助合作保险；规范农业保险大灾风险准备金管理，加快建立财政支持的农业保险大灾风险分散机制；健全城乡发展一体化体制机制；改善乡村治理机制
2015	《关于加大改革创新力度加快农业现代化建设的若干意见》	改革创新建设现代农业	围绕建设现代农业，加快转变农业发展方式；加大惠农政策力度，优先保证农业农村投入，逐步扩大"绿箱"支持政策实施规模和范围，调整改进"黄箱"支持政策，完善农产品价格形成机制，加大中央、省级财政对主要粮食作物保险的保费补贴力度。将主要粮食作物制种保险纳入中央财政保费补贴目录，中央财政补贴险种的保险金额应覆盖直接物化成本；围绕城乡发展一体化，深入推进新农村建设；全面深化农村改革，要主动适应农村实际、农业特点、农民需求，不断深化农村金融改革创新，鼓励开展"三农"融资担保业务，大力发展政府支持的"三农"融资担保和再担保机构，完善银担合作机制；围绕做好"三农"工作，加强农村法治建设，健全"三农"支持保护法律制度

续表

年份	文件名称	关键词	主要内容
2016	《关于落实发展新理念加快农业现代化实现全面小康目标的若干意见》	夯实现代农业基础，推动城乡协调发展	持续夯实现代农业基础，提高农业质量效益和竞争力，大力推进"互联网+"现代农业；加强资源保护和生态修复，推动农业绿色发展；促进农民收入持续较快增长；推动城乡协调发展，提高新农村建设水平；深入推进农村改革，改革完善粮食等重要农产品价格形成机制和收储制度，推动金融资源更多向农村倾斜，创设农产品期货品种，开展农产品期权试点；完善农业保险制度；扩大农业保险覆盖面、增加保险品种、提高风险保障水平，探索开展重要农产品目标价格保险，以及收入保险、天气指数保险试点，探索建立农业补贴、涉农信贷、农产品期货和农业保险联动机制，稳步扩大"保险+期货"试点，进一步完善农业保险大灾风险分散机制
2017	《中共中央国务院关于深入推进农业供给侧结构性改革加快培育农业农村发展新动能的若干意见》	深入推进农业供给侧结构性改革，开创农业现代化建设新局面	优化产品产业结构，推进农业提质增效；推行绿色生产方式；拓展农业产业链价值链；强化科技创新驱动，引领现代农业加快发展；夯实农村共享发展基础；加大农村改革力度，深化粮食等重要农产品价格形成机制和收储制度改革。完善农业补贴制度。改革财政支农投入机制。持续推进农业保险扩面、增品、提标，开发满足新型农业经营主体需求的保险产品。支持扩大农产品价格指数保险试点。探索建立农产品收入保险制度。扩大银行与保险公司合作，发展保证保险贷款产品。深入推进农产品期货、期权市场建设，积极引导涉农企业利用期货、期权管理市场风险，稳步扩大"保险+期货"试点
2018	《中共中央国务院关于实施乡村振兴战略的意见》	实施乡村振兴战略，全面实现农业强、农村美、农民富	从提升农业发展质量、推进乡村绿色发展、繁荣兴盛农村文化、构建乡村治理新体系、提高农村民生保障水平、打好精准脱贫攻坚战、强化乡村振兴制度性供给、强化乡村振兴人才支撑、强化乡村振兴投入保障、坚持和完善党对"三农"工作的领导等方面进行安排部署。在制度性供给方面专门提出完善农业支持保护制度，创新完善政策工具和手段，扩大"绿箱"政策的实施范围和规模，加快建立新型农业支持保护政策体系；深化农产品收储制度和价格形成机制改革，改革完善中央储备粮管理体制；落实和完善对农民直接补贴制度；探索开展稻谷、小麦、玉米三大粮食作物完全成本保险和收入保险试点，加快建立多层次农业保险体系

　　1982年到1986年的五个"一号文件"，重点是解决农村体制上的阻碍，正式肯定了家庭联产承包责任制，对农业和农村改革发展做出战略部署，鼓励农民面向

市场，发展商品经济；逐步取消农产品统购派购制度，推进农产品流通体制改革；调整农村产业结构，发展乡镇企业和建设小城镇，为城市经济体制改革创造物质和思想动力，激发了亿万农民的生产积极性，为农民收入增长带来了强大的动力，开创了中国农村改革发展的新局面。而21世纪的中央"一号文件"，其核心思想则是城市支持农村、工业反哺农业，重点强调了农民增收、给农民平等权利、给农村优先地位、农业科技创新、发展现代农业、实现城乡协调发展、乡村振兴等。在这一系列"一号文件"中，政府提出了要按照统筹城乡发展要求，实行工业反哺农业、城市支持农村和"多予、少取、放活"的方针，巩固、完善和加强支农惠农政策，切实加大对农业和农村的投入，加快农业基础设施建设及发展农村社会事业，加强对农村劳动力的职业技能培训，强化农业科技和服务体系及农村公共服务，较大幅度地增加农业补贴、保持农产品价格的合理水平、增强农村金融服务能力、提高农业风险防范能力、发展现代农业、振兴乡村等，全面实现"农业强、农村美、农民富"的目标。尤其是自2004年"一号文件"以来，为了增加农民收入、建设现代农业，连续十多年的中央"一号文件"对农业补贴和政策性农业保险提出了越来越详细的具体要求，对政策性农业保险的支持力度也逐渐扩大。在国家层面的政策指引下，试点地区的政策性农业保险得到了空前发展，也带动了其他地区开展政策性农业保险。2015年，我国保费收入水平达到了前所未有的高度，原保险总保费收入达到了24 282.5亿元，其中，农业保险也实现了374.9亿元收入。

从2016年到2018年的"一号文件"的表述不难看出，一方面，在应对农业风险方面要大力发展农业保险，我国农业保险已经不仅仅是防范自然风险的管理手段，其已融入我国现代农业建设和农业产业链的各个环节，保障范围扩大到信贷风险、市场价格风险、食品安全风险等多个方面，在农村金融体系建设、农业产业化结构调整和转型升级中也将发挥更多作用；另一方面，也要与国际接轨，创新政策工具和手段，加大对农业的保护和支持，建立多层次农业风险应对机制。

2007年，时任国务院总理温家宝在第十届全国人民代表大会第四次会议的政府工作报告中明确指出，"建设社会主义新农村，必须加强农村基础设施建设。要下决心调整投资方向，把国家对基础设施建设投入的重点转向农村。主要是加强以小型水利设施为重点的农田基本建设，加强防汛抗旱和减灾体系建设……"。在国务院总理李克强2014年4月16日主持召开的国务院常务会议上，确定金融服务"三农"发展的措施，明确要加大对发展现代农业重点领域的信贷支持；完善农业保险（放心保）保费补贴政策，建立大灾风险分散机制，以及完善涉农贷款财政奖励、农民小额贷款税收优惠和农村信贷损失补偿等政策。

从国家的系列"一号文件"、政府工作报告及国家领导人的各种讲话中可以看出，作为一个发展中的农业大国，农业风险防范及应对事关农民收入增长和国家粮食安全以及农业现代化建设，保证农业生产的稳定更是国民经济健康发展的基础。充分研究我国农业风险的特征，研究我国农业风险应对措施，有助于实现农民收入稳定增长、消除农村贫困、提高农民从事农业生产的积极性，对于维护我国粮食安全和社会稳定以及实现农业现代化和城乡一体化发展也具有重要促进作用。

1.1.2 研究意义

诺贝尔经济学奖获得者冈纳·缪尔达尔（Gurmar Myrdal）曾指出，发展中国家农业和农村的发展是国民经济发展的绝对必要条件，没有农村、农业的发展和农民收入的不断增加，工业增长就失去意义，即使国家实现一定程度的工业化，也会使收入不平等、城乡对立和失业问题更加严重，从而造成国内经济社会发展的严重失调。第二次世界大战后多个国家经济发展的实践也证明了冈纳·缪尔达尔观点的正确性。在我国，农业、农村、农民问题是当前全面建成小康社会和社会主义新农村建设以及实现农业现代化的焦点、难点问题。"三农"问题不能得到切实解决，全面建成小康社会和社会主义新农村以及农业现代化建设也就成了空话。

我国是个农业大国，农业的发展受农业风险影响十分显著。农业风险不仅影响了农民增收，也影响了农产品的有效供给、农村的发展以及整个经济社会的稳定。同发达国家相比，我国在农业风险的防范、应对及管理等方面还存在严重的不足。目前，发达国家一般已经建立了个体防范、政府补贴、商业保险与社会保障相结合的比较完备的农业风险防范及管理体系。而我国在农业风险的防范及应对方面，依然过多地依赖以农民个人为主的非正规风险规避机制，政府和商业保险公司的正规风险规避机制发展相对落后。国内外的经验和教训表明，仅仅依靠农民自主的风险管理应对农业风险是远远不够的，政府和保险公司介入的多层次的农业风险应对机制在我国亟待建立，对该问题进行探讨具有重要的理论价值和现实意义。

1. 研究的理论意义

根据现代经济理论，一方面，从"经济人"的角度去思考政府的行为更具现实意义。具有"经济人"特征的政府的行为，是以自身福利或效用最大化为原则，为了实现福利或效用最大化，政府会不断地根据需要调整行为[①]。但是，由于农业的弱质性，政府在应对农业风险工作方面的积极性并不高，似乎呈现出温铁军（2003）所说的"非不能也，而不为也"的现象，出现了"政府失灵"[②]。另一方面，农民利益集团缺失的影响也很大。就西方发达国家而言，利益集团在政治、经济、社会生活中发挥着重要的作用。在西方政治学中，利益集团又称压力集团，通常被定义为"那些具有共同的目标并试图对公共政策施加影响的个人或有组织的实体"[③]。而我国农民显然并没有形成自己的利益集团，农民利益集团的缺失使得农业发展很难得到应有的保障，农民

---

① 张杰. 国家的意愿、能力与区域发展政策的选择——兼论西部大开发的背景及其中的政治经济学[J]. 经济研究，2001，（3）：69—74.
② 杨卫军. 人力资本视角的农民增收[D]. 西安：西北大学，2006.
③ 方福前. 公共选择理论——政治的经济学[M]. 北京：中国人民大学出版社，2000.

成了一个"被遗忘的集团",或者可称为"忍气吞声的集团"。

近年来,无论是研究农业风险的理论界还是工作在第一线的实践人员,都呼吁保险公司、政府(特别是地方政府)积极介入农业风险防范,为农业的健康稳定发展构建一把安全的"保护伞",帮助农民转移、化解农业风险,减少损失。但是,保险公司、政府到底应采取何种方式介入农业风险防范,理论界并没有形成一致的见解,基本上都是各具特色、各有偏颇。因此,运用现代经济理论,对政府、保险公司和农民应对农业风险的行为进行分析,提出农业风险应对措施,具有一定的理论意义。

2. 研究的现实意义

第一,有利于发挥以农民个体防范为主的非正规风险规避机制的作用。在如何防范不确定性带来的农业风险这个问题上,已有的研究发现,在发展中国家社会保障以及商业保险低效的情况下,农民并不是消极地承受风险。Alderman and Paxson(1994)将农民的不确定性应对机制分为事前机制和事后机制[1]。在长期实践中,农民已经创造出许多有效的机制来应对风险(Dercon,2002)。从我国目前的现实来看,农民自身的非正规风险规避机制的作用虽然在下降,但其作用仍然不可被替代,农民个体仍是风险防范的主体,而且在当前的各种约束条件下,也不可能建立美国式的风险防范体系。因此,应该对农民较强的风险回避倾向给予充分的尊重,不宜利用行政力量强制农民采用新技术、新品种,强行进行所谓的"产业结构"调整;可以对农民进行风险防范知识培训,帮助农民引入现代企业生产经营中的风险回避方法,降低其消极影响,促进农民防范风险方式的多样化发展。

第二,有利于构建多层次农业风险防范体系。尊重并肯定农民自身规避风险的作用,提高农民的投保积极性,矫正"政府的失灵"和发展政策性农保,是构筑多层次风险防范体系的关键。农民积极性的提高依赖于农村教育的发展,只有提高了农村人力资本,才能使农民认识到新科技农业的潜在利润以及农业保险的作用,农民才会变被动为主动,去接受高科技农业,成为技术推广应用的主体和农业保险的真正消费者。政府的政策性支持和财政补贴也是降低农保经营者交易费用的必要手段。因此,就要改变长期以来政府的偏好行为,扭转国家对农业投入意愿不强的局面。通过研究,最终寻找发展适合三方要求的新型多层次农业风险防范体系。

第三,为把旧有的农业保险经营模式扩展为对社会主体产生正外部性和福利效果的新型农业保险经营模式提供了依据。本书希望能从一个崭新的角度来阐释农业保险介入农业风险的问题。为此,将从农业保险的性质、我国农业风险的现状以及国外经验和启示等方面来分析农业保险供需不足的原因,重新提出发展符合我国农情的农业保险。另外,从正外部性的角度出发,将农业保险经营转变为

---

[1] Alderman H, Paxson C. Do the Poor Insure? A Synthesis of the Literature on Risk and Consumption in Developing Countries? World Bank Policy Research Working Paper No. 1008[J]. 1992(10).

由政府提供政策和财政补贴的非商业性保险,并以此贯穿研究的始终,由此而设计的政策性农业保险是值得探讨的。

农业风险多层次应对,不仅是发展现代化农业的一种尝试,更是农业经济发展的重要组成要素,可以说是农业健康稳定发展的重要课题之一。我国是一个农业大国,农业是经济发展、社会安定的基础。但作为本身就是弱质产业的农业,除长期面临自然风险外,由于我国生产地域地形复杂、农业人口多且综合素质低、农民收入不高等因素,农业新科技和信息传播处于低水平状态,这衍生出更多的风险,从而对农业风险的三个主体——农民、保险公司、政府,提出了更高的要求。然而,从三方应对农业风险的行为现状分析,我国应对农业风险的任何一方都存在或多或少的不足。本书正是基于此提出了农业风险多层次应对的研究。

1.2 研究框架、研究方法和预期效果

1.2.1 研究框架

在经济体制与经济结构转型同时发生的背景下,农业风险的应对措施也变得十分复杂,突出表现在当前以农民为主的非正规风险规避机制的作用虽然在下降,但仍然不可被替代,而以政府和商业保险公司介入为特征的现代正规风险规避机制却难以迅速建立起来。这就意味着,单纯地强调农民、政府和保险市场中某一种方式的作用而忽视其他方面的作用是错误的。因此,在应对农业风险这个问题上,本书强调重视农民、政府和保险市场每一主体的应对作用,并将其有机地结合起来,实现多层次的农业风险应对。基于此,本书研究内容安排如下:

第1章 导论,主要是指出研究背景、研究意义、研究框架和方法、预期效果以及可能的创新和不足。

第2章 对国内外已有的研究成果进行梳理和评价,以期为后面的研究和分析奠定理论基础和提供借鉴。

第3章 对农业风险的类别及相关理论进行分析,为研究做出理论层面的支撑。

第4章 分析我国农业发展和农业风险现状,为本书的研究提供现实的基础和背景。

第5章 分析我国农民风险应对行为,找出农民非正规风险规避行为的不足之处。

第6章 对政府介入农业风险的行为进行分析和考评,找出政府应对农业风险时出现"失灵"的原因。

第7章 对保险公司介入农业风险的状况与行为进行分析,找出我国农业保险供需不足的原因,并对农业保险进行经济学分析。

第8章 对国外应对农业风险的经验进行分析，找出可供借鉴的地方。

第9章 构建我国农业风险多层次防范体系。结合农民、政府和保险公司每个主体的作用，将三者有机结合，实现农业风险的多层次应对。

第10章 总结和展望。对本书提出的应对农业风险的思路进行总结，并对我国未来农业风险的防范和农业发展进行展望。

本书研究思路及框架安排如图1-1所示。

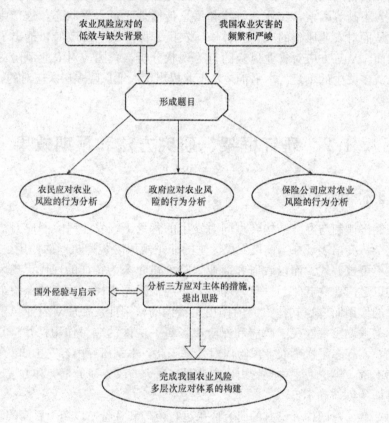

图1-1 本书研究思路及框架安排

1.2.2 研究方法

（1）理论实证分析法：运用经济学理论对农业风险应对、农业保险供需、政府补贴效应的准公共物品的性质和正外部性作了规范性分析。

（2）文献资料法：主要查阅国内外出版、发表的有关农业风险问题的文献资料及研究报道、调查报告等，并对其进行充分的实际分析和利用。

（3）描述性统计分析法：对于农业风险的来源、现状及风险应对措施有效性评价的研究，是基于一般统计分析。

1.2.3 预期效果

拟结合中央解决"三农"问题及构建和谐社会的背景,按照中央政府2004年以来连续多年"一号文件"的精神——"要尽快建立中国政策性较强的农业保险制度",运用经济学、社会学、农业风险的不确定性理论、农业保险供需中的交易费用、农民利益集团理论以及有"经济人"特征的政府行为偏好等相关理论,从理论发展、联系实际和创新等方面来思考,从我国农业风险应对的现状出发,分析农民、政府和保险公司应对农业风险的行为。同时,结合我国实际情况,充分吸收和借鉴国内外研究成果和实践经验,探讨农民、政府、保险公司共同介入的多层次现代农业风险应对模式的作用及结合方式,研究如何积极稳妥地构建我国农业风险的多层次应对体系,尽快解决这一困扰农业发展、农民增收及社会稳定的难题,为政府制定相应的政策法规提供参照和指导。

1.3 可能的创新点与不足点

1.3.1 可能的创新点

(1)改变目前研究中简单套用国外研究模型的做法,根据我国的实际情况,构建一个适合我国国情的分析农业风险应对行为的理论模型。

(2)从微观(农民、保险公司)和宏观(政府)相结合的角度,对我国农业风险应对行为进行综合研究,分析各种风险应对模式之间的相互作用和影响。

(3)改变目前国内相关研究仅重视社会保障体系建设的研究倾向,强调多层次风险应对体系在构建农业安全体系中的重要性。

1.3.2 可能的不足点

(1)对我国农业风险应对现状进行分析需要收集第一手数据资料,需要得到政府相关部门和基层农村农民的帮助,成本较高,难以实现。

(2)由于我国与发达国家的经济体制不同,再加上我国特有的农村小农经济经营模式,国际上的成熟经验借鉴起来比较困难,难以形成理想的经验对接。

(3)由于我国农业风险应对起步较晚,缺少针对此方面的研究机构,农民、政府、保险公司都缺乏此方面的工作经验,可能影响构筑多层次风险应对体系的实现。

(4)难以在农民、保险公司和政府之间找到最佳结合点,只能在一个相对科学的基础上进行尝试,构建一个理想的农业风险多层次应对体系。

(5)以保险理论、市场经济、期货市场、金融及社会保障理论为基础,运用发展经济学理论,进行新的研究尝试,驾驭起来有一定难度。

第 2 章 国内外研究综述

本章对国内外农业风险研究进行了全面的回顾,通过整理国内外研究的状况,为我国农业风险应对措施的提出提供了借鉴。国内外对农业风险进行专门研究的书籍或专著并不多,而国内对农业风险研究的论文相对较多,但都不够全面。其他领域中关于项目风险管理或风险型决策的研究则很丰富,这些研究对于发展农业风险管理的系统方法有很大的价值,为农业风险管理和应对的研究奠定了丰富的理论基础。

2.1 国外相关研究及其评述

2.1.1 国外相关研究

国外发达市场经济国家普遍通过社会保障体系、商业保险和现代金融制度比较有效地消除了各种生产和生活风险,农业风险的防范应对体系也已经比较成熟,因此,理论界关于发达国家农业风险的探讨较少。但是,在发展中国家的农村,农业风险的防范应对体系仍十分薄弱,农民仍然面临着多种农业风险。因此,发展中国家的农业风险问题一直是国外发展经济学研究的热点之一。

1. 关于风险的含义

目前,国外学术界由于对风险的理解和认识程度不同,或对风险的研究角度不同,对风险的概念还没有形成完全统一的定义,不同的学者对风险的概念有着不同的解释。一些学者认为风险是事件未来可能结果的不确定性。A. H. Mowbray(1995)称风险为不确定性;C. A. Williams(1985)将风险定义为在给定的条件和某一特定的时期,未来结果的变动;March & Shapira 认为风险是事物可能结果的不确定性,可由收益分布的方差测度[①];Brnmiley 认为风险是公司收入流的不确定

---

① March, James, Shapira, Zur. Variable Risk Preferences and the Focus of Attention[J]. Psychological Review. 1992, 99(1): 172-183.

性。一些学者将风险界定为损失的不确定性。例如，J. S. Rosenb(1972)将风险定义为损失的不确定性；F. G. Crane(1984)认为风险意味着未来损失的不确定性；Ruefli 等将风险定义为不利事件或事件集发生的机会。这种观点又分为主观学说和客观学说两类：主观学说认为不确定性是主观的、个人的和心理上的一种观念，是个人对客观事物的主观估计，而不能以客观的尺度予以衡量，不确定性的范围包括发生与否、发生时间、发生状况以及发生结果严重程度的不确定性；客观学说则是以风险客观存在为前提，以风险事故观察为基础，以数学和统计学观点加以定义，认为风险可用客观的尺度来度量。例如，佩费尔将风险定义为可测度的客观概率的大小；F·H·奈特认为风险是可测定的不确定性。还有学者认为风险是指可能发生损失的损害程度的大小，如马科维茨(Markowitz)和夏普(Sharp)等将证券投资的风险定义为该证券资产的各种可能收益率的变动程度，并用收益率的方差来度量证券投资的风险，通过量化风险的概念改变了投资大众对风险的认识。由于方差计算的方便性，风险的这种定义在实际中得到了广泛的应用。

2. 关于农业风险的种类划分

由于农业风险是行业风险，所以在风险分类的一般原理指导下，不同学者对农业风险进行了不同的分类。国外学者在对农业风险的分类上主要有两派[①]。一派认为农业风险分为自然风险和市场风险：自然风险是在农业生产中，由于受气候条件等不可控因素，如潮湿、寒冷、干旱、不合时宜的下雨或病虫害等的影响，农产品产量和品质不确定；市场风险包括投入品价格风险和产出品价格风险，其中产出品价格风险是指农产品市场的典型特征(大量的竞争性生产者、同质的产品、需求缺乏弹性等)导致农产品价格的大幅波动[②]。另一派认为农业风险除了自然风险和市场风险外，还存在其他风险。例如，沃伦·F·利、米歇尔·D·波尔吉、艾伦·G·纳尔逊、威廉·G·莫尼将农业风险及其不确定性的种类划分为生产的不确定性、价格的不确定性、灾害风险、技术的不确定性、他人行为引起的不确定性和经营者本人的不确定性(如疾病、受伤和死亡[③])；美国学者威利特(Eillet. A. H)等人认为，农业风险是客观不确定性，将农业风险划分为自然风险、政策风险、价格风险、营销风险、农用生产资料供应风险、服务风险、质量风险和信息风险；Frank Ellis(1988)认为，农业生产不确定性会带来风险，其生产面临的不确定性可以归纳为四类：自然风险、市场波动、社会不确定性、国家行为与

---

① 徐雪高，沈杰，靳兴初. 农业风险管理：一个研究综述[J]. 首都经济贸易大学学报，2008(5)：84—90.

② Moschini G, David A Hennessy. Uncertainty, Risk Aversion and Risk Management for Agricultural Producers. [M]// Handbook of Agricultural, Economics. Amsterdam: Elsevier Science Publishers, 2000.

③ [美]沃伦·F·利，[美]米歇尔·D·波尔吉，[美]艾伦·G·纳尔逊，等. 农业风险及其评估[J]. 农业经济译刊，1991(1)：49—53.

战争；Hardaker等(1997)对农业风险的分类最为典型和系统①，他们将农业风险归纳为七类：①生产风险——来源于气候的不可预测性和作物或牲畜生长的不确定性，如虫灾和疫病，或来自其他不可预期的因素，如机械效率和投入品性质；②价格/市场风险——涉及农场投入和产出价格的不确定性；③货币风险——涉及国家货币的升值或贬值，将影响参与国际贸易的投入品和产出品的进出口需求和国内价格；④制度风险——源于政府政策对农场利润影响的不确定性，如动物福利、食品安全等；⑤融资风险——涉及农场融资方法，如不可预期的利息上涨、不曾预料的贷款人要求归还贷款、贷款渠道可得性的缺失；⑥法律风险——许多农业生产行为都包含一些具有法律意义的承诺，例如，合约安排、环境责任和越来越重要的食品安全责任；⑦人生风险——涉及那些自己经营农场的人们，包括离婚、慢性病和意外死亡。Boehlje(2002)则认为，随着农业部门的巨大变化，农业产业越来越具有制造业的特点，因此，农业中出现了新的风险：战术(或操作)风险和战略风险。战术风险可以分为商业风险和融资风险，商业风险是由公司财务业绩内在的不确定性导致的，融资风险主要是由负债所导致的农场主净利润的变动。战略风险聚焦于战略方向的灵活性和对公司价值影响的不确定性，这些不确定性包括：①政治、政府政策、宏观经济、社会和自然的或有费用；②投入市场、产品市场、竞争和技术的不确定性的产业动态。随着农业工业化的进展，战略风险显得越来越重要，并比战术风险更难于应对②。而美国农业部下属的风险管理局认为，农业风险对农业生产经营活动有很大的影响，其列举了五种常见的农业风险：①产出风险，主要来自农作物和畜禽的自然生长过程中的不确定因素对农产品数量与质量的影响，如气象灾害、病虫害以及其他因素的影响；②价格或市场风险，主要来自农业生产经营者所面临的农产品价格波动和农业生产资料的价格波动；③政策风险，主要来自政府行为的不确定性，如税法、限制使用化肥和农药的规定、畜禽粪便处理规定、价格支持政策等；④人力风险，主要来自农业生产经营者的身体健康、人际关系等影响因素，如死伤、疾病、婚变等个人危机；⑤金融风险，主要产生于农业生产经营活动中的资金借贷过程，如市场利率的升高、信用水平的限制等③。

3. 农民的非正规风险规避机制和政府角色研究

(1)跨时期消费平滑机制研究。在如何防范农业风险这个问题上，已有的研究发现，在发展中国家社会保障以及商业保险缺失的情况下，农民并不是消极地承

---

① Hardaker J B, Huirne R B M, Anderson J R. Coping with Risk in Agriculture [M]. Wallingford: CAB International, 1997.

② M. Boehlje. Risk in U. S. Agriculture: New Challenges and New Approaches [Z], 2002.

③ 张国鹏，华静，王丽丽，等. 美国农业风险管理体系及对中国的借鉴[J]. 世界农业，2015(3)：85—91+95.

受风险,在长期的实践中,他们已经创造出许多非正规机制来应对风险(Dercon,2002)[①]。Alderman and Paxson(1994)将农民的非正规风险应对机制分为事前机制和事后机制,事前机制是指农民在收入风险发生前稳定其收入的努力(即收入平滑),事后机制是指农民在收入风险发生后稳定其消费的努力(即消费平滑)[②]。Deaton(1992)根据生命周期—持久收入假说,将农民通过跨时期消费平滑机制应对风险的行为进行了形式化的分析,指出农民将通过收入的跨时期转移,使各期的边际效用相等。这意味着收入将会根据效用函数状况在农民家庭的各个时期进行合理分配,从而可以避免在某些时期生活因为支出或收入的波动而陷入困境[③]。购买农业保险也是一种消费,这无形中打消了农民消费农业保险的积极性。尽管农民会自发地抵御风险,但 Eswaran、Kotwal(1989)等人认为,政府通过提供农村人力资本投资、灌溉、农作物保险、抵抗力强的农作物品种、信贷、信息、农业科技,以及稳定农作物价格、发展期货市场等帮助农民抵御主要风险(自然风险和市场风险)仍是十分必要的[④]。

(2)社会网络内风险应对机制研究。社会网络内风险转移机制最初是由人类学家萨林斯发现的。萨林斯(Sahlins,1972)早在20世纪70年代初就开始讨论"一般性互惠"体系,他指出,在这种体系中,那些临时收入较高的人将提供给收入暂时较低的人一部分收入,各个具体个人之间的馈赠不一定是互惠的,而是给予者预期一旦自己收入临时下降时,社区中一个当时收入较高的人会向他施予馈赠[⑤]。政治学家斯科特(Scott,2001)在其对东南亚农民行为的研究中也发现了社会网络内风险统筹机制,他指出"近亲近邻"的帮助在农民面临生存危机时具有"减震器"作用;农民一旦依赖亲友来度过生存危机,"他就让渡了对方对自己劳动和资源的索要权","当助其解困的亲友遇到麻烦而他有可能帮助时,亲友可以期望得到同样的帮助"[⑥]。经济学家 Marcel Fafchamps(1992)指出,农民根据实际需要和支付能力来确定收入转移的数量;接受援助的人们并不被期望将来提供数量相等的回馈,对他们的期望只是能够在其他成员陷于困境时提供帮助,至于提供多大程度的帮

---

① S. Dercon. Income Risk, Coping Strategies and Safety Nets[J]. The World Bank Research Observer, 2002, 17(2): 141—166.

② Alderman H, Paxson C. Do the Poor Insure? A Synthesis of the Literature on Risk and Consumption in Developing Countries? World Bank Policy Research Working Paper No. 1008[J]. 1992(10).

③ Deaton, Angus. Saving and Income Smoothing in Cote D'Ivoire[J]. Journal of African Economics, 1992(1): 1—24.

④ Eswaran, Kotwal. Credit as Insurance in Agrarian Economies[J]. Journal of Development Economics, 1989(31): 37—53.

⑤ Sahlin, Marshall. Stone Age Economics[M]. New York: Aldine de Gruyter, 1972. 转引自:[美]普兰纳布·巴德汉,[美]克利斯托弗·尤迪. 发展微观经济学[M]. 陶然,等,译. 北京:北京大学出版社,2002.

⑥ [美]詹姆斯·C·斯科特. 农民的道义经济学:东南亚的反叛与生存[M]. 程立显,刘建,等,译. 南京:译林出版社,2001.

助,则取决于他们自己以及求助者的具体情况①。Posner(1980)运用信息经济学的相关理论,探讨了社会网络内风险规避机制中的"道德风险"和"逆向选择"问题等。

4. 关于农业保险方面的研究

(1)农业保险需求方面的研究。Arrow(1963)对风险规避型消费者购买保险的情况进行研究分析发现,当且仅当购买保险所带来的效用水平明显超过不购买保险时,此类消费者才会选择去购买保险;而过高的保费又会使得期望提升效用荡然无存,消费者也就不会再去购买保险。Arrow的研究结论很好地解释了保险消费需求不足的原因②。Hazell(1986)进一步研究发现,农民期望获得的收入总额及其变动情况、风险承受程度等因素都会对农民的农业保险需求量产生重大影响③。Goodwin和Smith(1995,2001)测定了美国农民对联邦农业保险的需求弹性范围在$-0.2 \sim -0.92$,即农业保险需求缺乏弹性,致使农民对农业保险的有效需求相对较低,农民自愿投保率也明显偏低④。Knight,Pope和Williams(1996)运用随机效应的二元概率模型,估算出了美国堪萨斯州小麦农场对农作物一切险的需求弹性为-0.65,这些研究结果均表明农业保险缺乏有效需求。Calvin和Quiggin(1999),Coble,Knight(2002)和Babcock(2011)的研究分析均发现农业保险补贴能够极大地提升农民购买农业保险的积极性。

(2)农业保险"市场失灵"和供给不足问题的研究。农业保险缺乏需求,究其原因,一是农作物保险价格昂贵而期望收益不高,导致农民自愿参与农业保险的概率较低(Barnett;Barnett,Skees和Hourigan;Calvin;Gardner和Kramer;Goodwin;1993);二是农民的风险态度也是影响其购买农作物保险积极性的原因[Moschini和Hennessy(1999),Lafrance,Shimshack和Wu(2000),Sarris(2002)]。Kramer(1983)指出美国在1938年以前开办的农作物保险均告失败的根本原因是,农作物保险完全遵循市场化运作,缺失政府主体的干预(如政府补贴)。Ramaswami(1993)认为,农业保险虽能有效降低农业风险,但是由于农业的风险偏好程度不同、保险合同的参数设计不尽合理等,"道德风险"也随之增加⑤。Ahsan,Ali和Kurian(1982),Nelson和Loehman(1987)以及Chambers(1989)的研究表明,市场在提供农业保险时容易失败,主要原因是信息不完全、不对称。保险公司为了避免农民的"道德风险"和"逆向选择"行为,会尽可能精确地划分风险单

---

① Marcel Fafchamps. Solidarity Network in Preindustrial Saieties: Rational Peasants with a Moral Economy[J]. Economic Development and Culture Change, 1992, (41): 145—174.

② Arrow K J. Uncertainty and the Welfare Economics of Medical Care[J]. The American Economic Review, 1963, 53(5): 914—973.

③ Hazell P, Pornareda C, Valdes A. Crop Insurance for Agricultural Development: Issues and Experience [M]. Baltimore: Jhons Hopkins University Press, 1986.

④ Goodwin, Smith. The Economics of Crop Insurance and Disaster Aid[M]. Washington D.C.: The AEI Press, 1995.

⑤ 马子红,黄珊,马兴泉. 国内外农业保险发展研究的理论述评[J]. 生产力研究, 2016(5): 153—157.

位,进行费率分区,细分费率档次,大幅度增加了商业性保险公司的经营成本,即增加了经营中的交易费用。Goodwin 和 Ker(1998)[1]、Glauber 和 Collins(2002)[2]等人分别指出"道德风险"、"逆向选择"、农业系统性风险等因素均会导致农业保险市场出现"市场失灵"状况。诸多研究认为,大多农民是所谓的"规避风险爱好者",愿意自己转移风险;对于一部分厌恶风险的农民来讲,即使有保费补贴,他们也不认为农业保险是最有效的风险管理工具,或是认为该保险提供的保障水平太低;对于总体收入越来越多样化的农民来说,农业收入只占其中一部分,他们就更不愿意购买保险了。

(3)农业保险经营模式的研究。早在1972年,美国经济学家、斯坦福大学经济学教授、诺贝尔经济学奖获得者阿罗博士(Kenneth J. Arrow)就提出了由政府担任主角的农业保险经营模式的基础理论。Ahsan,Ali 和 Kurian(1982),Nelson 和 Loehman(1987)以及 Chambers(1989)认为,对于减少因信息不对称而产生的"道德风险"和"逆向选择"问题,政府提供农业保险并予以补贴可以解决。Jeffery R. Williams(1993)等通过对农场水平的纯收入曲线的随机动态分析,对个体保险、区域保险、灾害援助计划和政府农产品稳定计划等进行比较后,认为灾害援助计划是最优选择,个体保险优于区域保险,如果促使风险厌恶个体选择农业保险,那么政府必须给予补贴。从诸多研究结论中可以看出,即使在政府支付了大量的保险费补贴的情况下,很多农民仍然不情愿给私人保险项目付费。这不能不使我们思考,这种商业性质的保险公司到底是否适合农业保险。

2.1.2 国外相关研究评述

国外学者对农业风险规避的研究大多集中在农业保险的性质、功能、具体保险险种、覆盖范围、保费厘定方式、保障水平及再保险等方面。相对于国内学者来说,研究的领域更加细化。这些方面的研究,为我国农业风险应对提供了很好的参考和借鉴价值。但是,受主流经济学研究特点的影响,国外发展经济学的农业风险理论的假设条件通常比较简单。然而,中国正处于经济体制与经济结构双重转型过程中,而且国土面积辽阔,气候条件复杂,农业风险问题更具有特殊性。所以,国外理论研究的结果不一定完全适合我国的实际情况,从研究中国农业风险问题的实际需要出发,应当对国外理论研究进行适当修正,以使其能够适应中国的国情和农情。

---

[1] Goodwin, Ker. Nonparametric Estimation of Crop Yield Distributions: Implications for Rating Group-Risk (GRP)Crop Insurance Products [J]. American Journal of Agricultural Economics,1998,80(1):139—153.

[2] Glauber J W, Collins J. Crop Insurance, Disaster Assistance and the Role of the Federal Government in Providing Catastrophic Risk Protection[J]. Agricultural Finance Review,2002,62(2):81—101.

2.2 国内相关研究及其评述

我国对风险管理的研究起步比较晚，20世纪80年代以前对风险管理的研究几乎是空白。从20世纪80年代开始才慢慢引进、吸收国外的一些风险管理思想和理论方法，首次提出了"风险"一词。宋明哲先生的《风险管理》和段开龄先生的《风险管理论文集》是当时研究的标志性成果。随着1997年亚洲金融危机、2001年我国加入WTO等重大事件的发生，我国对企业风险及其管理的研究逐步深入。与此同时，在国外对农业风险及风险处理行为研究的影响下，我国部分学者运用现代经济学和社会学的理论工具，也对我国农业风险问题进行了一定的研究。

2.2.1 国内相关研究

1. 关于对风险定义的理解

目前，国内学术界对风险的概念还没有完全统一的定义，目前大致有以下几种观点：

(1) 风险是指可能发生损失的损害程度的大小和发生的可能性。段开龄(1996)认为，风险可以引申定义为预期损失的不利偏差，这里的不利是针对保险公司或被保险企业而言的[1]。朱淑珍(2012)在总结各种风险描述的基础上，认为风险是指在一定条件下和一定时期内，由于各种结果发生的不确定性，行为主体遭受损失的大小以及这种损失发生可能性的大小。风险是一个二位概念，风险以损失发生的大小与损失发生的概率两个指标进行衡量[2]。王明涛(2008)把风险定义为：在决策过程中，由于各种不确定性因素的作用，决策方案在一定时间内出现不利结果的可能性以及可能损失的程度。它包括损失的概率、可能损失的数量以及损失的易变性三方面内容，其中可能损失的程度处于最重要的位置[3]。

(2) 风险是风险构成要素相互作用的结果。风险因素、风险事件和风险结果是风险的基本构成要素。风险因素是风险形成的必要条件，是风险产生和存在的前提。风险事件是外界环境变量发生预料未及的变动从而导致风险结果的事件，它是风险存在的充分条件，在整个风险中占据核心地位；风险事件是连接风险因素与风险结果的桥梁，是风险由可能性转化为现实性的媒介。根据风险的形成机理，郭晓亭、蒲勇健(2004)等将风险定义为：风险是在一定时间内，以相应的风险因素为必要条件，以相应的风险事件为充分条件，有关行为主体承受相应的风险结

---

[1] [美]段开龄. 风险及保险理论之研讨[M]. 天津：南开大学出版社，1996.
[2] 朱淑珍. 金融风险管理[M]. 北京：北京大学出版社，2012.
[3] 王明涛. 金融风险计量与管理[M]. 上海：上海财经大学出版社，2008.

果的可能性①。叶青、易丹辉(2000)认为,风险的内涵在于它是在一定时间内,由风险因素、风险事故和风险结果递进联系而呈现的可能性②。

(3)利用不确定性的随机性特征定义风险。风险的不确定性包括模糊性与随机性两类。模糊性的不确定性,主要取决于风险本身所固有的模糊属性,要采用模糊数学的方法来刻画与研究;而随机性的不确定性,主要是风险外部的多因性(即各种随机因素的影响)造成的必然反映,要采用概率论与数理统计的方法来刻画与研究。根据不确定性的随机性特征,为了衡量某一风险单位的相对风险程度,胡宜达、沈厚才(2001)等提出了风险度的概念,即在特定的客观条件下、特定的时间内,实际损失与预测损失之间的均方误差与预测损失的数学期望之比;它表示风险损失的相对变异程度(即不可预测程度)的一个无量纲(或以百分比表示)的量③。

2. 关于农业风险及其分类的研究

刘学文(2014)认为风险是一种状态,这种状态的出现是不确定的,并且一旦出现这种状态,就会使主体受损或获益;而农业风险就是指农业生产和经营的过程中所遭遇到的一切具有不确定性的情况,这种不确定性将对生产经营主体造成一定的影响,既有可能受损也有可能获益④。而王吉恒、李红星(2003)则认为,农业风险是指在农业生产或经营过程中损失发生的可能性,这种损失发生的可能性与农业生产决策者的预期目标之间的偏离程度,通常被用作衡量风险程度的指标。他们还认为农业风险蕴藏着潜在机会和利润,农业经营者可通过认识、分析风险,采取正确的决策,从而控制和驾驭风险,减少风险损失并获得风险收益,做到在承受同样的风险下获得最大的收益或在同样收益水平下承担最小的风险⑤。

国内学者在对农业风险的分类上也主要分为两派⑥。一些学者认为虽然在农业生产经营过程中,无法预料的因素很多——自然的、经济的、社会的、人文的、政治的等,但由于其中一些社会、政治因素的影响最终要体现在市场的变化上,所以可以将农业风险大致分为两类,即自然风险和市场风险⑦。刘学文(2014)也将农业风险划分为自然风险和市场风险,而且认为政策、环境、技术、体制、资源等风险的最终效果都将反映在市场风险中,因此将这些类别的风险都归入市场风

---

① 郭晓亭,蒲勇健,林略. 风险概念及其数量刻画[J]. 数量经济技术经济研究,2004(2):111-115.
② 叶青,易丹辉. 中国证券市场风险分析基本框架的研究[J]. 金融研究,2000(6):68-73.
③ 胡宣达,沈厚才. 风险管理学基础——数理方法[M]. 南京:东南大学出版社,2001.
④ 刘学文. 中国农业风险管理研究——基于完善农业风险管理体系的视角[D]. 成都:西南财经大学,2014.
⑤ 王吉恒,李红星. 农业风险效应与农民行为[J]. 黑龙江八一农垦大学学报,2003(2):111-115.
⑥ 徐雪高,沈杰,靳兴初. 农业风险管理:一个研究综述[J]. 首都经济贸易大学学报,2008(5):84-90.
⑦ 史清华,姚建民. 农业风险管理模式的评析与选择[J]. 经济问题,1994(6):11-14.

险范畴①。另一部分学者则采用了多分类法。孙良媛和张岳恒(2001)认为，随着中国农业从计划经济向市场经济转型，除了自然风险、市场风险、制度风险、技术风险外，农业信贷风险成为新的风险品种②。张叶(2001)在农业风险的划分中引入了环境污染风险，主要指乡镇企业"三废"排放对农业生产构成潜在的和现实的威胁③。刘惟洲(2002)在农业风险的划分中引入了资源风险，主要是指农业资源的有限性与社会索取资源的无限性之间的矛盾给农产品供给带来的危害，其中中国农业资源的最大风险是人均耕地量少质差④。为了缓解农业生产中自然风险和市场风险，中国开展了新的生产经营模式——订单农业，但同时也带来了新的风险，即订单风险⑤。曾玉珍和穆月英(2011)基于近因的角度，将农业风险分为市场风险、自然风险、社会风险、国家风险和技术风险，而且这几种风险互相交叉⑥。

3. 关于农民应对农业风险的非正规机制的研究

我国农民应对农业风险大多都是通过非正规机制进行的，马小勇(2006，2007)比较全面地研究了非正规机制对农业风险的防范作用⑦⑧，认为正规风险规避机制在中国农村基本处于缺失状态，农民主要依靠社会网络内风险统筹、跨时期收入转移、生产经营中的保守行为等非正规机制来应对农业风险；但是由于中国农村的特殊情况，非正规机制规避风险效果不是很好。陈传波等人(2005)从社会网络内、农民多样化经营行为等方面对此进行了实证分析⑨；唐兴霖、刘杰(2007)则从发展与规范新型农村合作经济组织的角度研究了农业风险问题⑩。

(1)社会网络内风险应对机制研究。国内最早研究社会网络内风险应对的是阮丹青(1999)，认为社会网络的低异质性、高趋同性、高紧密性、高亲缘性、高业缘性等特征是规避风险的基础；张文宏和阮丹青(1999，2001)对中国城乡居民社会支持网的首次比较研究发现：亲属在城乡居民的社会支持网中都发挥着非常重要的作用，亲属在精神支持网中的作用不如其在财务支持网中那么重要，这个倾向在农民中表现得更明显⑪。杜立捷(2001)的研究结论与阮丹青基本一致，只是认

---

① 刘学文.中国农业风险管理研究：基于完善农业风险管理体系的视角[D].成都：西南财经大学，2014.
② 孙良媛，张岳恒.转型期农业风险的特点与风险管理[J].农业经济问题，2001(8)：20-26.
③ 张叶.论农业生产风险与农业产业化经营[J].浙江学刊，2001，(2)：88-91.
④ 刘惟洲.论高科技在化解农业风险中的作用[J].农业现代化研究，2002，(3)：67-69.
⑤ 刘凤芹.不完全合约与履约障碍——以订单农业为例[J].经济研究，2003，(4)：22-30+92.
⑥ 曾玉珍，穆月英.农业风险分类及风险管理工具适用性分析[J].经济经纬，2011(2)：128-132.
⑦ 马小勇.中国农户的风险规避行为分析——以陕西为例[J].中国软科学，2006(2)：22-30.
⑧ 马小勇，白永秀.经济转型中农户非正规收入风险处理机制的变迁[J].财经科学，2007(9)：53-60.
⑨ 陈传波，丁士军.中国小农户的风险及风险管理研究[M].北京：中国财政经济出版社，2005.
⑩ 唐兴霖，刘杰.发展与规范新型农村合作经济组织——基于宝鸡市的调查分析[J].学术研究，2007(8)：66-70.
⑪ 张文宏，阮丹青.城乡居民的社会支持网[J].社会学研究，1999(3)：14-19+22-26.

为以血缘和婚姻为纽带的高亲缘关系更稳定些[1]。近年来，在国际发展经济学相关研究的影响下，也有少数学者从经济学的角度讨论社会网络内的风险规避问题。陈传波(2005，2007)运用计量经济学的方法较为系统地讨论了社会网络在风险应对中的作用，利用农户调查数据研究中国农户如何应付收入和消费风险冲击，结果表明：第一，非正规的借贷与转移一起有助于分担农业风险(个别风险)；但是，范围大了风险统筹不明显，风险统筹在村级范围内没能有效地分担风险，风险分担主要存在于有限的社会网络内——如亲友网中；第二，个别风险主要通过非正式借贷而非转移来分担，但是无偿地转移也起着较为重要的作用，且应急借贷量既依赖借款者的偿还能力，更依赖其社会资本即网络的数据和质量；第三，亲友网络内联系的紧密程度对风险统筹具有显著的影响，也就是说，通过与亲友的密切交往，农户能够在困难时得到更多的借贷[2][3]。

(2)农村非正规借贷视角的跨时期消费平滑机制研究。刘建国(1999)指出中国农民的边际消费倾向明显低于城市居民，这是因为农民进行着较多的预防性储蓄[4]。曹力群(2001)认为农民借贷资金来源主要依靠民间借贷，银行、信用社等正式借贷机构提供的贷款在农民借款总额中仅占16%~24%(1995—1999年)，而私人借款占到75%左右[5]。何广文(2005)的调查表明，来自正式借贷机构的借款在农民借款中所占的比例为29%，而来自民间放贷主体的借款所占的比例为71%；应当指出的是，研究中所提到的非正式借贷，往往包含了具有互助性质的亲友之间的无息借贷[6]。周立(2005)则从信息经济学的角度分析了正式信贷供给不足的原因，指出农村居民居住分散、信息闭塞是正式借贷不足的主要原因[7]。中国人民大学张杰教授(2007)从借贷资金供给的角度讨论了非正式借贷的发展，认为农村贫富差别的加大使农村形成了旺盛的金融供给。农村正式金融机构的存款利率低下以及其他金融投资渠道的缺乏，使数量巨大的民间资本持有者或资金盈余者受利益驱动而成为非正式金融的供给者[8]。温铁军(2001)则从需求方面进行了分析，认为农村经济主体的微观活动及其融资需求具有分散化、规模小、周期长、监控难等特点，难以进入商业化正式金融，因此，小农经济天然、长期地与民间金融合作，而农村正式金融机构的退出更是导致了农村非正式借贷的迅速发展[9]。

---

[1] 杜立捷. 社会支持网络与村庄经济生活[J]. 华东理工大学学报(社会科学版)，2001(3)：36—42.
[2] 陈传波. 农户风险与脆弱性：一个分析框架及贫困地区的经验[J]. 农业经济问题，2005(8)：47—50.
[3] 陈传波. 中国农户的非正规风险分担实证研究[J]. 农业经济问题，2007(6)：20—26.
[4] 刘建国. 我国农户消费倾向偏低的原因分析[J]. 经济研究，1999(3)：54—60+67.
[5] 曹力群. 当前我国农村金融市场主体行为研究[J]. 金融论坛，2001(5)：6—11+33.
[6] 何广文. 农村金融改革及创新路径探讨[N]. 金融时报，2005—05—19.
[7] 周立. 还原农村金融真面目[J]. 银行家，2005(8)：30—33+5.
[8] 张杰. 中国农村金融制度调整的绩效：金融需求视角[M]. 北京：中国人民大学出版社，2007：80.
[9] 温铁军. 农户信用与民间借贷研究报告[EB/OL] [2001—06—07]. 中经网50人论坛.

4. 关于农业保险的研究

马子红、黄珊、马兴泉(2016)从农业保险的业务需求、产品创新、市场失灵、模式选择这四个角度,对国内外农业保险发展研究进行了理论综述,为我国农业保险发展模式的创新实践提供了理论依据①。庹国柱、李军(2003)较早从农业保险的角度研究了我国农业风险应对机制所面临的困境②。姚海明(2004)从合作保险的角度研究了农业风险的规避。郭鸿飞(1997)、李军、庹国柱(1999)、陈玲(2001)等认为,农业保险发展缺乏相应的法律依据③。冯文丽(2004)指出,我国农业保险陷入了"市场失灵"的危急境地。宏涛、张梅(2004)认为农业保险有效供给不足的主要原因:一是农业保险高风险、高赔付率;二是"逆选择"④。庹国柱、王国军(2002)认为农业保险利益的外在性与保险双方长远利益存在矛盾,不利于农业保险的经营和发展⑤。除此之外,郭颂平(2009)研究发现,较高的经营成本使得保险公司不愿意提供更多农业保险,从而造成农业保险有效供给明显不足⑥。冯文丽⑦(2004)、费友海⑧(2004)认为,较高的赔付率和经营成本以及外部风险的存在使得农业保险公司不愿提供或者不愿过多提供与农业相关的保险产品,以致农业保险供给明显不足。冯登艳、张安忠和马卫平(2009)的研究结果也显示,正是由于农业保险存在系统性风险和较强的外部性,而且农业保险的可保性低、农民收入水平低但保险费率高,才使得我国农业保险市场无法正常发挥其功能,从而出现了"市场失灵"现象⑨。姜岩和褚保金(2010)指出,过高的交易成本已经严重制约了我国农业保险的发展⑩。赵莹(2005)指出,作为准公共产品的农业保险,在系统性农业风险变大时,"道德风险"问题的影响尤为凸显⑪。叶晓凌(2007)研究发现,正是"道德风险"和"逆向选择"问题造成了我国农业保险供给不足的局面⑫。

张跃华等人(2005)指出,当农民的收入水平相对较低时,他们对待农业风险的态度将会偏于中性,此时若没有政府补贴的激励,农民就不会选择以投保农业

---

① 马子红,黄珊,马兴泉.国内外农业保险发展研究的理论述评[J].生产力研究,2016(5):153-157.
② 庹国柱,李军.我国农业保险试验的成就、矛盾及出路[J].金融研究,2003(9):88-98.
③ 陈玲.论我国农业保险发展模式的选择[J].上海金融学院学报,2001(1):45-47.
④ 宏涛,张梅.农业保险经营模式的经济学分析[J].农村经济,2004(10):71-72.
⑤ 庹国柱,王国军.中国农业保险与农村社会保障制度研究[M].北京:首都经济贸易大学出版社,2002.
⑥ 郭颂平.中国农业保险供需"双冷"的经济解释[J].广东金融学院学报,2009(4):104-113+130.
⑦ 冯文丽.我国农业保险市场失灵与制度供纲[J].金融研究,2004(4):124-129.
⑧ 费友海.我国农业保险发展困境的经济学分析[J].保险职业学院学报,2004(4):10-12.
⑨ 冯登艳,张安忠,马卫平.新农村建设中的农业保险问题[M].北京:知识产权出版社,2009.
⑩ 姜岩,褚保金.交易成本视角下的农业保险研究——以江苏省为例[J].农业经济问题,2010,31(6):91-96.
⑪ 赵莹.论我国农业保险的供给体系的构建[D].成都:西南财经大学,2005.
⑫ 叶晓凌.信息不对称与农业保险有效供给的经济分析[J].商业研究,2007(2):119-123.

保险的方式转嫁、分散风险，这就导致农业保险市场出现"市场失灵"现象[①]。冯文丽(2008)的研究发现，除非政府对农民投保农业保险提供保费支出补贴、给予农业保险公司税收优惠和管理费用补贴等，否则纯粹采取商业化模式来经营农业保险，将会出现保险人不愿供给农业保险，投保人也缺乏足够的热情去购买农业保险[②]的情况。刘冬姣和张旭升(2011)的研究发现，农民如果能够获得农业保险补贴，就会增加农业保险的购买[③]。谷政等(2012)在分析江苏淮安市农业保险运行情况时发现，当地种植农业保险保障力度不足导致了农民参保积极性明显不高[④]。赵君彦等人(2013)的研究还发现，家庭中非农业劳动力人数、土地规模、保险政策宣传力度和农民对农业保险的认知等因素，都会明显影响农民的农业保险需求量[⑤]。赵桂玲等人(2014)认为，农业保险的需求会随着人均生产总值的增长而有所提升，但是前期赔付率不合理却会损耗人均 GDP 增长带来的需求增量[⑥]。唐德祥等人(2015)却指出，农民收入水平提高对农业保险需求具有显著的正效应，农业保险补贴政策的实施并未达到提升农业保险需求的目标[⑦]。可见，无论是"萎缩""停滞不前"，还是"农民需求不足、农保供给有限"，唯一的差别只是用语的不同，对于现阶段我国农业保险的发展现状，学术界基本达成统一认识，即我国农业保险出现了"市场失灵"。

5. 关于政府介入农业风险的研究

边媛(2004)认为，政府应当加强我国农业市场信息系统建设，推进农业信息化，提升农业风险防范能力[⑧]。石秀和(1996)指出，为了达到农业风险保障的目的，政府应协助建立农业信息预警系统、国家对农业的扶持系统、农业社会化服务系统、农业风险救济系统以及农业自我保护系统五大系统[⑨]。尤春霞、姜俊臣、程伟民等(2003)，陶建平、菊红、张振等(2004)认为，我国现行的农业风险规避体系效果不理想的原因：一是现行体系无法充分调动农民、政府、保险公司三者的积极性；二是政策性保险与商业性保险的关系、农业在国民经济中的基础地位、农产品的公共福利性以及当前我国农业的实际情况，决定了农业保险应具有政策

---

① 张跃华，顾海英，史清华. 农业保险需求不足效用层面的一个解释及实证研究[J]. 数量经济技术经济研究，2005(4)：83—92.
② 冯文丽. 农业保险理论与实践研究[M]. 北京：中国农业出版社，2008.
③ 刘冬姣，张旭升. 我国农业保险需求的相关因素分析[J]. 江西财经大学学报，2011(5)：55—61.
④ 谷政，卢亚娟，张维，等. 基于险种和承保水平视角的农业保险需求分析[J]. 保险研究，2012(11)：75—81.
⑤ 赵君彦，王健，乔立娟. 基于 Logit 模型的农业保险需求影响因素分析——对河北省 300 农民的调查[J]. 江苏农业科学，2013(10)：387—389.
⑥ 赵桂玲，周稳海. 基于面板数据农业保险需求的影响因素[J]. 江苏农业科学，2014(6)：421—423.
⑦ 唐德祥，周雪晴. 中国农业保险有效需求的影响因素研究——基于 2007—2013 年省际面板数据的实证检验[J]. 南方金融，2015(6)：62—69.
⑧ 边媛. 推进农业信息化，提升防范农业风险能力[J]. 安徽农业科学，2004(5)：1055—1057.
⑨ 石秀和. 建立我国农业风险保险保障体系的思考[J]. 中国农村经济，1996(7)：67—69.

性，但是现有的保险体系缺乏这一农业保险的核心；三是承保面的选择与责任控制问题[①][②]。王国敏等人(1995)认为，农产品期货市场是农业市场风险转移的最佳模式，政府应当加强农产品期货市场体系建设[③]。原农业部农村经济研究中心温铁军(2004)认为，国内外农业保险的实践表明，即使是以大农场为对象，农业保险也不可能完全按照纯商业化模式运作，政府必须通过农业产业政策和财政转移支付等补贴手段支持农业保险发展[④]。王锡桐(2004)也认为，应建立政策性农业保险制度，可以有效利用WTO规则中的"绿箱"政策，增加政府对农业的间接补贴[⑤]。任巧巧(2002)则认为，可以根据不同地区的不同对象，采取不同的农业风险规避模式，如在西部地区以政策性保险为主，在东部地区以市场性保险为主，对养殖大户和农业开发公司以商业性保险为主，对普通农民实行农业风险政策性保护为主[⑥]，这一思路虽然有一定的创新，但是具体实施存在很大的难度。刘学文(2014)却认为，农业风险管理的主体必须是以家庭为单位的个体农民，但政府在农业风险管理中必须起到引导和支持作用，政府在农业风险管理中扮演的主要是制度供给的角色；而农业风险管理体系的主体则必须是政府，同时要考虑农民的具体需要，提供合理有效的制度体系[⑦]。陈珏(2016)通过对法国、印度、日本农业保险体系的分析，发现其共同特点是政府高度重视并深度介入，采取强制性措施确保农业保险效果，重点突出，循序渐进，实施分类监管等。我国农业保险机构应加强防灾减损工作，既减轻农业保险公司风险识别的成本，又加强农民对农业保险的认识，同时还减轻政府的财政负担，也减少参保对象参保成本，政府应加大对农业保险的支持力度[⑧]。

2.2.2 国内相关研究评述

农业作为基础性产业，由于自身的弱质性和生产过程的自然特殊性，在整个再生产循环过程中面临许多风险，是典型的风险产业。中国是一个农业灾害频发的国家，也是一个农民防范风险能力十分有限的国家，而农民作为弱势群体，其

---

① 尤春霞，姜俊臣，程伟民，等. 论农业保险体系中存在的问题及对策[J]. 河北农业大学学报（农林教育版），2003, (1)：47—49.

② 陶建平，董菊红，张振. 推动我国政策性农业保险发展[J]. 商业时代, 2004(24)：40—41.

③ 王国敏，张琳. 农产品期货市场——我国农业风险转移的最佳模式[J]. 经济体制改革, 1995(1)：99—103.

④ 吴红军. 组织创新是建立政策性农业保险制度的前提——经济学家温铁军博士访谈录[N]. 金融时报，2004-08-21.

⑤ 王锡桐. 城乡统筹与我国农业保险发展[J]. 经济体制改革, 2004(1)：41—43.

⑥ 任巧巧. 如何为农业掌好"保护伞"[J]. 宏观经济管理, 2002(2)：41—43.

⑦ 刘学文. 中国农业风险管理研究：基于完善农业风险管理体系的视角[D]. 成都：西南财经大学，2014.

⑧ 陈珏. 法国、印度、日本农业保险体系探析及启示[J]. 世界农业, 2016(7)：188—191.

收入增长是"三农"问题的关键。目前,我国开始进入工业反哺农业、城市支持农村,经济社会发展对农民、农业和农村总体有利的新阶段,农业风险特别是农业自然风险对粮食安全和农民增收的影响日趋突出。当前,农业风险管理的条件开始具备,但对农业风险的研究实践相对较少。因此,结合已有的对农业风险研究的成果,认真对农业风险进行综合的梳理和分析研究,对应对农业风险、保证农业安全、确保粮食和国家的安全具有重要的意义。近几年来,关于农业风险的研究正在不断深入,总的来看,国内关于农业风险的研究已经取得了一定的成果,但目前相关研究仍存在以下缺陷:

(1)已有的研究大多着眼于农村或农业总体,缺乏从微观层面对农业风险有关参与者的行为及后果进行更加深入的分析。

(2)由于全面数据较匮乏,目前的研究多采用描述性方式,定量分析相对不足。

(3)国内学者对农业风险主要是按照风险的来源进行划分的,由于对农业风险的来源认识不同,对农业风险的应对还没有形成完全统一的模式。

第3章 风险及农业风险的相关理论

3.1 风险的概念识别及分类

3.1.1 风险的含义

风险,辞典里解释为危险,是指遭受损失、伤害、不利或毁灭的可能性。风险的存在是必然的,是不以人的意志为转移的。关于"风险"一词的由来,最为普遍的一种说法是,在远古时期,以打鱼捕捞为生的渔民,每次出海前都要祈祷,祈求神灵保佑自己在出海时能够风平浪静、满载而归。他们在长期的捕捞实践中,深深地体会到"风"给他们带来的无法预测和无法确定的危险,"风"即意味着"险",因此,有了"风险"一词。而经过多位学者论证,"风险"(risk)一词是舶来品,有人认为来自阿拉伯语,有人认为来自西班牙语或拉丁语,但比较权威的说法是其来自意大利语的"risque"一词。在早期的运用中,也是被理解为客观的危险,体现为自然现象或者航海遇到礁石、风暴等事件。大约到了19世纪,在英文的使用中,风险一词常常用法文拼写,主要是用于与保险有关的事情上[1]。

目前,虽然国内外学术界对风险的概念没有完全统一的定义,但可以通过归纳总结,基本确定风险的含义。可以认为,风险就是生产目的与劳动成果之间的不确定性,其大致有两层含义:一层强调风险表现为收益的不确定性;而另一层则强调风险表现为成本或代价的不确定性。若风险表现为收益或者代价的不确定性,说明风险产生的结果可能带来损失、获利或是无损失也无获利,这属于广义上的风险。而风险表现为损失的不确定性,说明风险只能表现出损失,没有从风险中获利的可能性,这属于狭义上的风险。风险和收益成正比,所以,一般积极进取的投资者为了获得更高的利润,偏向于高风险;而稳健型的投资者则着重于安全性的考虑。

---

[1] 源自360百科"风险"词条. http://baike.so.com/doc/1002008-1059378.html

3.1.2 风险的分类

根据国内外学者的分析,理论上风险可以大致按照以下标准进行分类。

(1)按照风险的性质划分,风险可以分为纯粹风险和投机风险。纯粹风险指只有损失而没有获利可能的风险;投机风险指既有损失也有获利可能的风险。

(2)按照产生风险的环境划分,风险可以分为静态风险和动态风险。静态风险指自然力的不规则变动或人们的过失行为导致的风险;动态风险指社会、经济、科技或政治变动产生的风险。

(3)按照产生风险的原因划分,风险可以分为自然风险、社会风险和经济风险。自然风险指自然因素和物理现象所造成的风险;社会风险指个人或团体在社会上的行为导致的风险;经济风险指经济活动过程中,因市场因素影响或者管理经营不善导致经济损失的风险。

(4)按照风险致损的对象划分,风险可以分为财产风险、人身风险和责任风险。财产风险指各种财产损毁、灭失或者贬值的风险;人身风险指个人的疾病、意外伤害等造成残疾、死亡的风险;责任风险指依照法律或者有关合同规定,因行为人的行为或不作为导致他人财产损失或人身伤亡,行为人所负经济赔偿责任的风险。

(5)按风险涉及范围划分,风险可以分为特定风险和基本风险。特定风险指与特定的人有因果关系的风险,即由特定的人所引起的,而且损失仅涉及特定个人的风险;基本风险指其损害波及社会的风险,基本风险的起因及影响都不与特定的人有关,至少是个人所不能阻止的风险,与社会或政治有关以及与自然灾害有关的风险都属于基本风险。

3.1.3 降低风险的方法途径

为了对风险进行管理,降低风险,可以采取多种方法,理论上讲主要有以下三种:

(1)多样化选择。多样化选择是指消费者在面对未来一段时间内的某项带有风险的经济活动时,可以采取多样化的行动,以降低风险。面对农业风险时,农民也可以选择多样化的生产行为,来降低或减少农业风险可能造成的损失,比如多样化种植。

(2)风险分散。投资者通过投资许多项目或者持有许多公司的股票而消除风险。这种以多种形式持有资产、采取资产多元化组合的方式,可以一定程度地避免持有单一资产而发生的风险,以抵消未来损失或收入降低,这样,投资者的投资报酬就会更加确定。在农业生产或经营中,农民可以采取不同的投资组合,比如在种植之外打工或搞副业,以此增加收入来抵消未来可能的损失。

(3)购买保险。在消费者面临风险的情况下,风险回避者会愿意放弃一部分收入去购买保险。如果保险的价格正好等于期望损失,风险规避者将会购买足够的保险,以使他们从任何可能遭受的损失中得到全额补偿,确定收入给他们带来的效用要高于无损失时高收入、有损失时低收入这种不稳定情况带来的效用。

3.2 农业风险的概念识别及分类

3.2.1 农业风险的含义及特征

农业风险不只会带来损失,在许多情况下其也蕴藏着某种机遇,能激励农业生产者勇于承担和驾驭风险,获取风险报酬,因此,在农业风险分析和农业生产决策研究中也应给予充分的重视[1]。

1. 农业风险的含义

农业风险是指人们在从事农业生产和经营过程中遭受到能够导致损失的、难以预测的不确定性,或者即便可以预测但人力也无法抗拒。农业作为基础产业,由于自身的弱质性和生产过程的特殊性,在整个再生产循环过程中面临着许多风险,是典型的风险产业。农业风险一般具有风险单位大、发生频率较高、损失规模较大、区域效应明显,而且具有广泛的伴生性等特点[2]。

2. 农业风险的特征

农业风险的特征是农业风险的本质及其发生规律的表现,主要包括以下六个方面:

(1)客观性。自然界与人类社会的规律表明,农业风险是由客观存在的自然现象和社会现象所引起的,无论是自然界中的洪涝、雷击、地震、干旱等天灾,还是社会领域中的战争、政策变动、市场环境变化及其他意外事件,都是不以农业经营者的主观意志为转移的客观存在。农业风险的发生,虽然其范围、程度、频率、形式、时间和强度等都可以表现出不同形态,但它总是以各自独特的方式表现自身的存在,是一种必然出现的事件。

(2)不确定性。虽然农业风险的发生是客观的,但是风险是否发生,在何时、何地发生以及发生的范围和程度等完全是一种偶然的和不确定的结果。农业风险产生的不确定性是由农业风险形成过程的复杂性和随机性决定的,而人们对其产生也不能完全了解和全面掌握。

(3)相对性。农业风险的相对性主要包括两个方面。一是指农业风险的可预测性。尽管农业风险具有不规则性,但是任何事物的产生、发展都不是偶然的,而

---

[1] 王吉恒,李红星. 农业风险效应与农民行为[J]. 黑龙江八一农垦大学学报,2003(2):111—115.
[2] 源自360百科"农业风险"词条. http://baike.so.com/doc/919387-971784.html

是有规律可循的,随着科学技术的进步和人们素质的提高,农业风险的规律性是可以逐步被认识和掌握的。农业经营者可以通过各种科学方法,对可能产生的农业风险的时间、范围和程度进行预测,为农业风险控制提供可靠依据。二是指对不同的农业经营者,相同的风险所带来的损失程度是不同的。

(4)双重性。农业风险的双重性是指农业风险具有两面性,既有损失的一面,又有风险价值的一面。例如,自然灾害减少农业产量的同时又使得农产品价格攀升。认识到农业风险的这一特性有助于全面把握农业风险的实质,既看到农业风险的危害性,提高农业风险的控制能力,实现风险的消除、转化或降低;又能加强对风险规律的探索和研究,准确把握时机,进行科学决策,获取农业风险报酬。

(5)季节性。农业相对其他行业,带有明显的季节性。因此,农业风险多伴随着一定的季节出现和发生。其主要表现在以下两个方面:①农业生产风险的时间性,错过季节将给农业造成巨大损失,或者某些自然风险往往集中在某个季节发生,如雨季的台风、洪涝、泥石流,冬季的暴风雪、低温霜冻等灾害;②农业生产受季节的影响,农产品进入市场表现出很强的集中性,同一品种的农业产品基本上是同时上市和下市,容易造成市场季节性饱和及季节性短缺,给农业经营者带来市场风险。

(6)多样性。农业风险包含了自然风险、市场风险、政策风险、技术风险等多种类型。自然风险是指与农业生产密切相关的自然环境所导致的自然灾害带来的风险。市场风险是指农产品供求失衡导致的价格波动带来的风险。农产品是一种特殊的商品,因而使得农业市场风险也具有十分明显的特殊性,如农产品需求弹性小、可替代性低、不可或缺,决定了农产品价值的实现较一般工业品的难度大。政策风险是指一个国家所执行的农业政策对农业发展的直接影响。农业是基础产业,重要性人们都十分清楚,但在国民经济发展中,"重农"或"抑农"一直是困扰政策制定者的难题,使得国家农业政策在制定和执行过程中有时出现偏差。技术风险则是指农业技术使用不当而导致的风险。

3.2.2 农业风险的类别

从理论上说,对于一般性风险,可以按不同的需求标准划分出不同的类别。而对于农业风险的分类,既要考虑其产业特点,也要考虑规避主体(农民、保险公司、政府)的实际情况。农业风险的类别主要是按照风险发生的原因进行划分,这不仅适合各规避主体的需要,更便于对其进行深入分析,探索农业风险的规律与趋势,以便更有针对性地采取应对措施,减少风险带来的损失,为农业的发展保驾护航。所以,在此将农业风险按其产生的原因划分为自然风险、经济风险、社会风险、技术风险四类。

1. 自然风险

农业的自然风险主要是指由于自然力的不规则变化给农业带来的灾害和损失,

表现为气象灾害风险、生物灾害风险、地质灾害风险和环境灾害风险等。农业是受自然灾害影响较大的产业,随着种植结构调整,规模经营比例越来越大,一旦遭受自然风险,农民必将血本无归、倾家荡产。

(1)气象灾害风险,主要是由农业气候条件的异常变化所引发的。气象灾害是发生频率最高、影响最大、危害最重的一种自然灾害。按照形成风险气候条件的不同,农业气象灾害风险包括洪涝、干旱、寒潮、暴雪、霜冻、低温冷害、寒露风、干热风、台风和冰雹等风险。如2008年年底的南方暴雪灾害,就是气象灾害的一种。

中国是世界上气象灾害最严重的国家之一。台风、洪水、旱灾、雪灾、暴雨、沙尘暴、高温热浪、低温冻害等灾害时有发生,并且因气象灾害引发的滑坡、泥石流、山洪暴发、海洋灾害、生物灾害、森林草原火灾等也非常严重。作为我国典型的自然灾害,这些气象灾害对我国农业、经济社会发展、人民群众生活以及生态环境保护产生了重要影响,造成了经济和生命财产的巨大损失。我国的气象灾害有7大类20余种,其中干旱、洪涝、台风、冰雹以及低温冻害给人们带来的影响最为显著,造成的各种损失也相对较大。表3-1是2013年全国和各省的气象灾害情况,其中旱灾和洪涝等灾害最为严重。

伴随着全球气象的急剧变化,我国的极端天气事件也明显增多,特别是随着经济和工业的快速发展,气象灾害造成的损失和影响也将会越来越大。例如,2017年6月28日在北京召开的防汛抗旱防台风新闻发布会上公布,2017年以来全国19省(区、市)及新疆生产建设兵团遭受洪涝灾害,农作物受灾面积982.1千公顷,受灾人口1 490.17万人,紧急转移133.37万人,倒塌房屋1.81万间,直接经济损失约229.33亿元,因灾死亡47人,失踪10人[①]。另据陕西省民政厅消息,2017年5月15日至5月16日,渭南、延安、咸阳、铜川等地的大风、冰雹天气灾害共造成4市8县区7.35万人受灾,农作物受灾面积10千公顷,成灾面积3千公顷,绝收190公顷,直接经济损失9 500多万元[②]。

(2)生物灾害风险,是发生频率较大、危害较重的一种自然风险,主要是由病、虫、草、鸟、鼠等在一定环境下爆发或流行造成农业及其产品巨大损失的自然变异过程。它对农业生产的危害既有机械性破坏,也有生理性损害,但以生理性损害为主。其危害表现在两方面:一是使农作物产量降低甚至绝收;二是引起农产品品质下降甚至变坏。最终,二者均导致农业产量的下降和农业劳动者收益的减少[③]。

---

① 新浪国内新闻.国家防总:2017年洪涝灾害受灾人口已超1 490万. http://news.sina.com.cn/c/nd/2017-06-29/doc-ifyhrxsk1426163.shtml

② 大秦网.陕西多地风雹致7.35万人受灾,损失九千余万元. http://xian.qq.com/a/20170517/005160.htm

③ 龙文君.农业保险行为主体互动研究[D].武汉:华中农业大学,2003.

第3章 风险及农业风险的相关理论

表3-1 分地区自然灾害损失情况(2013年)

地区	农作物受灾面积合计/千公顷		旱灾/千公顷		洪涝、山体滑坡、泥石流和台风/千公顷		风雹灾害/千公顷		低温冷冻和雪灾/千公顷		直接经济损失/亿元
	受灾	绝收	受灾	绝收	受灾	绝收	受灾	绝收	受灾	绝收	
全国	31 349.8	3 844.4	14 100.4	1 416.1	11 426.9	1 828.9	3 387.3	412.4	2 320.1	180.7	5 808.4
北京	26.9	3.7			9.8	0.3	17.1	3.4			4.8
天津	7.8	0.8					7.8	0.8			1.0
河北	1 106.5	94.5	250.3	7.4	311.3	41.9	386.3	29.1	158.6	16.1	113.3
山西	1 592.4	132.4	1 001.7	33.9	145.1	18.8	161.4	20.5	284.2	59.2	146.9
内蒙古	1 733.1	232.6	582.6	24.3	549.1	131.1	469.6	76.8	131.8	0.4	128.9
辽宁	450.5	82.1	23.9	4.3	336.1	58.1	90.5	19.7			125.2
吉林	623.2	67.5			427.1	61.9	196.0	5.5	0.1	0.1	133.3
黑龙江	2 734.1	828.8			2 654.0	815.1	66.2	13.1	13.9	0.6	325.2
上海	28.0	1.6			28.0	1.6					3.7
江苏	487.1	25.1	223.1	11.7	43.6	1.3	164.4	6.3	56.0	5.8	32.7
浙江	1 326.9	142.5	635.6	58.4	641.6	81.5	3.1	0.6	46.6	2.0	695.9
安徽	1 769.7	138.2	1 165.0	117.7	317.1	11.3	38.8	4.3	248.8	4.9	206.4
福建	276.8	24.3	31.9	0.8	217.2	19.7	20.0	3.5	7.7	0.3	120.8
江西	1 049.1	84.8	576.1	68.7	316.4	11.6	24.5	1.4	132.1	3.1	90.2
山东	1 461.7	145.1	206.7		900.5	141.7	111.6	1.1	242.9	2.3	89.7

续表

地区	农作物受灾面积合计/千公顷		旱灾/千公顷		洪涝、山体滑坡、泥石流和台风/千公顷		风雹灾害/千公顷		低温冷冻和雪灾/千公顷		直接经济损失/亿元
	受灾	绝收	受灾	绝收	受灾	绝收	受灾	绝收	受灾	绝收	
河南	1 179.9	93.7	848.1	72.0	61.3	0.2	198.7	20.7	71.8	0.8	109.6
湖北	2 487.9	141.3	1861.9	110.0	455.7	22.5	70.0	6.6	100.3	2.2	145.0
湖南	3 047.2	496.5	2 075.9	424.7	623.2	46.4	180.8	17.1	167.3	8.3	282.7
广东	1 134.5	119.2	8.4	0.4	1 120.0	117.3	6.1	1.5			489.8
广西	694.4	20.1	52.1	5.6	526.9	7.3	48.7	6.5	66.7	0.7	63.1
海南	164.7	57.4			159.4	57.0	5.3	0.4			37.5
重庆	455.3	38.1	309.1	26.5	98.6	8.9	19.3	1.5	28.3	1.2	51.1
四川	1 602.9	102.6	800.4	31.9	605.1	57.2	62.4	5.2	25.5	2.4	1 202.6
贵州	1 522.4	309.7	1 175.0	271.4	123.3	13.3	169.2	23.9	54.9	1.1	129.0
云南	1 231.1	161.7	807.4	97.7	126.1	16.9	185.2	37.0	112.4	10.1	154.2
西藏	22.1	4.0			12.6	1.2	7.8	2.7	1.7	0.1	42.0
陕西	813.4	90.7	400.0	10.0	199.0	49.0	115.5	6.6	98.9	25.1	231.7
甘肃	1 282.9	66.3	694.9	19.2	278.6	22.4	200.9	19.3	102.9	5.0	542.7
青海	171.2	8.3	41.7		15.5	0.4	30.8	5.3	83.2	2.6	13.6
宁夏	301.3	41.9	194.0	10.6	54.3	5.7	8.3	1.6	44.7	24.0	15.4
新疆	564.8	88.9	134.6	8.9	70.4	7.3	321.0	70.4	38.8	2.3	80.4

注：死亡人口（含失踪）和直接经济损失含森林、海洋等灾害。根据《中国统计年鉴 2013》统计整理

生物灾害不但影响到农业产量，严重时还将威胁公共安全。我国农业生物灾害形势严峻，外来有害生物侵害不断加重，是世界上农作物病、虫、草、鼠等生物灾害发生最严重的国家之一，常年发生1 700余种。进入21世纪，我国农业生物灾害频繁发生，成为事关国家粮食安全、生态安全、经济安全、公共安全和社会稳定的重大问题。例如，在世界自然保护联盟公布的全球100种最具威胁的外来物种中，我国已发现50余种。危险性外来有害物种往往具有暴发性、毁灭性、突发性的入侵与掠夺特性，一旦入侵，极难控制。外来有害物种的入侵不仅对农业生产造成毁灭性打击，危及本地物种生存并导致土著种消失与灭绝，而且威胁人类身心健康甚至危及人身安全。由于受全球气候变暖、有害生物致害性变异和产业结构调整等因素的影响，我国农作物病、虫、草、鼠等生物灾害发生面积不断扩大，突发和暴发的频率增加，作物受害损失逐年加重。一些主要病虫害如蝗虫、小麦条锈病、稻飞虱、稻纵卷叶螟、稻瘟病等连续多年呈高发态势，过去的偶发区变为常发区和重发区。而在20世纪80年代初，全国病虫害发生面积只有20亿亩[①]（次），现已达到50多亿亩（次）[②]。

(3)地质灾害风险，是在大自然变异和人为因素作用的共同影响下，地质表层及地质体发生变化并达到一定程度时，给农业生产造成的危害。地质灾害，作为地质学专业术语，是指在自然或者人为因素的作用下形成的，对人类生命财产、环境造成破坏和损失的地质作用（现象），会直接或间接危害人类安全，并给社会和经济建设造成损失，如崩塌、滑坡、泥石流、地裂缝、水土流失、土地沙漠化及沼泽化、土壤盐碱化，以及地震、火山、地热害等。地质灾害对农业的危害，既有对农业基础设施及农业生物体的机械性剧烈破坏，也有对农业生物体的生理性缓慢损害，但以机械性剧烈破坏为主。

我国是一个地质灾害多发的国家，也是世界上地质灾害最严重的国家之一。我国地质灾害种类多、分布广、影响大，崩塌、滑坡、泥石流、地面塌陷、地面沉降、地裂缝等种类的地质灾害十分严重，崩塌、滑坡和泥石流的分布范围占国土面积的44.8%，严重制约着国民经济的发展，威胁着人民生命和财产的安全。例如，2011年9月17日发生在陕西省西安市灞桥区的特大黄土滑坡，造成32人死亡、5人受伤，直接经济损失5 200万元，原国土资源部经过调查认为，当地土质情况以及连续强降雨是造成此次灾害的主要原因。最为严重的当属2008年汶川大地震给四川、陕西等地带来的损失。据原国土资源部统计，2016年，全国共发生地质灾害9 710起，其中滑坡7 403起、崩塌1 484起、泥石流584起、地面塌陷221起、地裂缝12起和地面沉降6起；自然因素引发的地质灾害占总数的

---

① 1亩≈666.7平方米。
② 吴孔明. 我国农业生物灾害应急管理现状、存在问题及解决对策[J]. 中国应急管理，2009(3)：12—14.

92.1%,人为因素引发的地质灾害占总数的 7.9%;共造成 370 人死亡、35 人失踪、209 人受伤,直接经济损失 31.7 亿元。地质灾害发生数量、造成死亡失踪人数和直接经济损失同比分别增长 18.1%、41.1%和 27.4%[①]。

(4)环境灾害风险,是由于自然环境被破坏或生态恶化对农业生产造成的危害,包括物种资源衰竭、水土流失、水土污染和温室效应等。农业环境是影响农业生物生存和发展的各种天然的和经过人工改造的自然因素的总体,包括农业用地、用水、大气、生物等,是人类赖以生存的自然环境中的一个重要组成部分。自然环境与人类的关系非常密切,它向人们提供生产与生活赖以进行的物质资源与活动场所,作为国民经济基础产业的农业,更是离不开平衡的自然环境条件。但是,由于人类不当的社会经济行为破坏了自然生态平衡,酿成了多种对农业具有巨大破坏性的环境灾害[②]。

当前我国农业环境的突出问题是环境污染和生态恶化。近年来,随着工业化和城镇化的快速推进,我国农业生态恶化和环境污染的问题也日益突出。全国水土流失面积达 29.1 亿亩,占国土总面积的 20.29%;土地沙漠化继续加剧,面积已达 19.5 亿亩;盐碱地 1 亿多亩。我国有可利用草地面积 3.12 亿公顷,草地累计退化面积已达 6 670 万公顷;并且沙化、碱化、退化的状况有加剧趋势。

农业环境污染主要表现在三方面。①水污染。据调查,我国 5.5 万千米河段有 23.7%的水质不符合灌溉要求,4.3%的河段严重污染、鱼虾绝迹;受污染的农田面积达 1 亿亩。②化学物质污染。化肥、农药存在使用量偏大、利用率偏低的现象,我国化肥、农药利用率仅为 35%,化肥流失量约占使用量的 40%,引起硝酸盐积累和水体富营养化;农药在大气中扩散和流失及在部分农畜产品中残留也较严重;地膜年残留量近千吨。③畜禽养殖污染。畜禽粪便治理方面,有效处理率不到 50%,当前我国畜禽养殖总量不断上升,全国每年产生 38 亿吨畜禽粪便,污染物的产生量已达工业废弃物的 2 倍,严重影响了无公害农产品生产和农村环境卫生,已成为困扰养殖业健康发展的重大瓶颈和影响农村环境的突出问题。

我国之所以能以约占世界 10%的耕地养育约占全球 22%的人口,能做到主要农产品基本自给,施肥和灌溉的作用不可低估。但是,灌溉和施肥在为我国的农业、经济、社会发展发挥了重要作用的同时,不科学的生产在不同的地域也造成了不同情况的生态环境问题,如土壤盐渍化、土地荒漠化、河流流量减少甚至断流、地下水位大幅度下降、面源污染、湿地富营养化与萎缩等,对我国的生态环境构成了巨大的威胁,也给全球的生态环境可持续发展埋下了隐患。

自然风险一直是农业发展的重要制约因素。市场经济越发达,农业现代化程度越高,农业这个大系统就越脆弱,自然风险对农业的制约作用也越强烈。一旦

---

① 数据来源于中华人民共和国原国土资源部.2016 中国国土资源公报.
② 张帆.环境与自然资源经济学[M].上海:上海人民出版社,1998.

某一环节发生自然灾害，就可能导致整个农业大系统的运转阻隔。一旦出现自然灾害，不仅给农民造成损失，还有可能导致粮价上涨，影响国家的粮食安全甚至整个国民经济的有序运转。近年来各地气候异常，灾害频率加大，小灾变大灾现象增多；农业生态环境的恶化使其抗御自然灾害的能力减弱；国内的保险机构一直不太关注农业保险等，导致自然风险对农业的影响依然居高不下，这些问题必须引起人们的高度重视。

2. 经济风险

农业风险中的经济风险主要来源于农业产、供、销经济活动中的经营管理不善、市场运作失灵、价格波动、消费需求变化、通货膨胀等因素。经济风险主要表现为市场风险，在市场经济条件下任何部门都会受其影响。近些年来，"菜贱伤农""谷贱伤农"等新闻时有耳闻，现在农产品如果种好了顶多算丰产，只有卖出好价钱才叫丰收。应当看到，诸如此类事件的频发，在严重影响农民种菜、种粮积极性及制约农民增收的同时，也在很大程度上导致了城市居民"买菜贵"等问题。就此而言，这已经不仅仅是一个经济问题，而是成为一个亟待解决的民生问题。

在市场经济条件下，农民不得不面对种种市场风险。然而，对于什么是农业市场风险，农业面临的市场风险有哪些，学术界却有不同的解释。有学者认为，农业市场风险即指农业生产经营单位在实际运转过程中，由于外部社会经济环境变化或偶然性因素的出现，使实际收益与预期收益发生背离的可能性，一般体现在价格波动上，所以又叫价格风险。另一些学者则认为，农业市场风险是来自市场方面的可能导致农业生产遭受损失的不确定事件，不仅包括国内市场风险，还包括国际市场风险；不仅包括价格波动风险，还包括市场容量、消费者需求变化，以及运送和加工储藏过程中物质投入的供应完备与否等方面的风险。

综上所述，可以认为农业市场风险就是受市场供求失衡、价格波动、经济贸易条件及资本市场等方面因素变化的影响，或者受经营管理不善、信息不对称、市场前景预测偏差等因素的影响，导致农民经济上遭受损失的风险。其中，价格波动是影响农业生产的重要因素，这种影响既可能是农业生产所需的生产资料价格上涨，也有可能是农产品价格下跌，或是农业所需生产资料价格上涨高于农产品价格上涨。实际上，农业市场风险的形成，既有客观因素，又有主观因素，其表现形式也是多种多样的。

(1) 农产品价格风险。相对于其他产业，农业生产主体多为农民，其生产大多是分散的、小规模的，是集生产、供给、消费为一体的经济单元。他们根据市场变化及自身需要，自行调整农产品自用或出售的份额。农产品的生产周期较长，生产决策与产品销售在时间上被分割，价格调节滞后，农民容易盲目地以价格作为调整生产的准则。当市场中某种农产品相对价格较高时，农民竞相生产，或者削减自给性消费，增加市场供给；反之竞相减产，或者扩大自给性消费以减少商品量。结果就很容易形成买难、卖难周而复始的恶性循环，导致农产品市场价格骤升骤降，生产随之大起大落，使得农产品市场风险程度加深。农民的分散性和市场价格调节的随机性使农产品生产量和市场供给量都难以事先估算，这势必加大农产品市场价格风险控制的难度。我国大多数农村地区，交通运输、信息传递都十分不便，这无形中又加大了这一风险的危害程度，农民也为此蒙受很大的经济损失。此外，小规模农业生产方式和农民利益集团的缺失，导致农民缺少农产品定价话语权；农产品流通环节的专业化趋势，又将许多社会因素引入农产品价格的形成体系，加剧了农产品价格的波动，进一步提高了农产品市场的风险性。再加上国际市场的变化引起国内农产品市场的连锁反应，发生风险的风险源增加，农产品市场风险进一步加大。

(2)信息风险。农产品滞销很大程度上是由于农民所掌握的信息具有很大的局限性，从而对市场的判断出现失误，市场预测出现严重偏差，这给其造成了无法挽回的损失。由于预测失误，农产品总量出现了过快增长，于是总供给也增加了。但是，从市场需求上看，超过了温饱线的城乡居民对农产品的需求开始下降，农产品消费增长缓慢，甚至下降。在农业这个接近完全竞争的市场结构中，价格完全发挥着对农产品生产的调节作用，农产品的供求很难实现真正的平衡，价格总是在上涨和下跌中波动，这就是经济学上的"蛛网效应"。同一些发达国家相比，我国农产品市场的"蛛网效应"相对突出，其主要原因在于我国农产品市场信息严重不对称，缺乏有效信息，加之农民整体文化素质偏低，对市场的判断力比较弱，容易出现"逆向选择"和"道德风险"，农民生产具有很大的盲目性，导致竞相压价和"旺销—扩种—卖难"的怪圈现象反复出现，从而加剧了农产品市场的风险。

另外，在国内有效需求不足的条件下，农产品加工企业又面临很大困难，农产品转化增值速度受到影响，这也制约了农产品的市场需求，导致了农产品的积压与卖难。例如，果蔬等农产品加工环节薄弱，不易依靠增加附加值来减缓市场风险，增加农民收入。据统计，我国果蔬由于贮藏、加工水平低，产后损耗一般达到25%～30%，远远高于发达国家5%的平均水平。近年来，各种媒体经常报道全国各地的各种农产品滞销消息，滞销给种植农产品的农民造成了巨大的经济损失。

综上所述，农业经济风险就是在农产品流通过程中，由于市场方面各种不确定性因素的影响，农业生产经营者的实际损益与预期损益的差异变动程度。

3. 社会风险

社会风险即行为风险，是由个人或团体的过失、疏忽、侥幸、利益驱使等行为所导致的风险，主要包括政策风险和制度风险。

(1)政策风险。来自有关农业和农村经济政策的不稳定性或某些失误。因情况变化而导致政府政策的调整是必然的，但农业政策的不稳定会给农产品生产、营销等带来不少风险，有时甚至会影响整个国民经济的发展。如农用生产资料价格失控、收购资金不能到位等都会影响到农产品的价格。

(2) 制度风险，源于现行的政府行为和财政体制，主要指政府制度变化给农业带来的不确定性。现行制度极易导致决策行为的短期化，这使农业这一个弱质性产业处于不利地位。例如，改革开放以后，家庭联产承包责任制的实施，充分激发了农民生产的积极性和创造性，推动了我国农村生产力的第二次大解放。但是，没有建立起有效的土地流转制度，结果导致我国农业小规模的生产格局，使我国的农业采用粗放型的生产方式进行生产。这种生产方式不利于大型农业机械作业和先进农业技术的全面推广，农业规模经济难以形成，品牌效应难以实现，造成我国农产品市场处于"小生产、大市场"的状态。在分散的小规模生产方式下，农产品市场价格的决定权就集中在少数农产品经销者手中，农民只是价格的被动接受者，对农产品市场价格缺少影响力。因此，农民在市场竞争中处于不利的地位，成了农产品市场风险的主要承担者。再比如，陕西省榆林等煤炭产区，无规划的开发造成了资源严重浪费、环境恶化、土地裸荒，致使本来耕地面积就十分有限的农业生产变得更加举步维艰。

(3) 其他人为的意外风险，例如，恶意破坏、盗抢，或农民重大疾病等所造成的风险。近年来，全国各地媒体报道出现的恶意破坏农作物等新闻层出不穷，这类恶意破坏给农民带来了很大风险。例如，腾讯网 2015 年 5 月 26 日报道，河北保定 4.5 亩西瓜一夜被砍，导致农民损失近 5 万元；广西新闻网 2016 年 11 月 4 日报道，隆林一七旬老汉，因土地权属纠纷问题，竟持刀破坏他人种下的烟草、玉米；2017 年 2 月 11 日，齐鲁晚报报道济南历城区王保村的村民自家林地里种植的 800 多棵果树遭到了砍伐，损失惨重。此外，虽然新型农村合作医疗制度成为切实缓解农村群众看病难、看病贵和解决"因病致贫、因病返贫"问题的有效途径，但是，在很多落后地区的农村，"一人大病一家穷，一次大病一世穷"的现象还比较普遍，农村居民"大病致贫、返贫"现象依然存在，农民群众抗大病风险的能力依然十分脆弱。

4. 技术风险

农业技术风险是指农业技术运用的实际收益与预期收益发生背离导致的风险。在农业领域，现代科学技术的发展不仅拓宽了传统农业的产品种类，而且降低了农业对自然资源的依赖，极大地提高了农业产出率。但是，因为农业技术是以农民人力资本优秀、资金和物资充足的追加投入为前提的，所以，农业技术的发展及推广也隐含着巨大的风险。调整农业产业结构、种养结构、农产品品种结构，都面临着一定的技术风险。农业技术风险在当前农业供给侧结构性改革的大潮下越来越凸显，即使在一些已经靠技术富裕起来的地方，该风险也仍然存在，要谨慎防范、积极应对。农业技术风险具体表现在如下三个方面：

(1) 农业技术无论以知识形态存在还是以实物形态存在，都要求农业技术的使用者——农民具备一定的知识和技能，但这与我国农民的文化水平普遍较低、农民本身素质不高的现状形成强烈冲突，广大农民常常因为难以掌握新技术要领而不能有效地运用技术。

(2)一方面,由于长期以来政府在农村教育经费的总投入不足,另一方面,目前财政性教育经费投到农业专业技能教育培训的资金有限,且很多时候流于形式,并不能完全落到实处,因此,农村人力资本难以得到提高,使农民认识到新科技农业的潜在利润以及掌握新技术的目的无法实现。

(3)现代农业技术大多数是以信息传递的方式进行传播的,而在我国技术推广网络还很不健全时,很容易造成"信息不对称",由此而产生的失真信息也会引发相应的技术风险。此外,管理方面的缺失,导致农业新技术容易被仿冒而出现了仿冒风险,也会使农民因为采用了假冒的技术而利益受到损害。

3.3 农业风险管理

3.3.1 农业风险管理的含义

所谓农业风险管理,是指运用适当的手段对各种风险源进行有效的控制,以减少农业的波动,并力图以最小的代价使农民获得最大的安全保障的一系列经济管理活动。农业风险管理既是影响农业发展以及国民经济发展状况的一项基本管理活动,也是现代农业生产活动中一项不可或缺的组成部分。其主要功能有两个:①减少农业风险发生的可能性;②降低农业风险给农民造成意外损失的程度。农业风险管理体系必须建立在整个农业产业链中,从农业生产前,到农业生产中,再到农业生产后,各个环节之间的风险管理措施需要有效协调。不同产业链环节的主要风险存在一定的差异,而且风险的作用方式也各不相同。通过剖析不同风险的作用机制,寻求有针对性的管理方式,然后科学地进行风险管理方式组合,最终实现有效管理风险的目标。风险管理方式的选择必须满足三个要求:①有针对性地解决该环节的主要风险;②保证该环节风险管理方式之间的协调;③实现与其他环节风险管理方式的关联。当然,具体实施时要充分考虑到不同农产品产业链的差异,以保证风险管理体系的有效运作。

3.3.2 农业风险管理的分类

农业风险管理措施可以从不同角度进行分类。从管理层次上,农业风险管理措施可以分为微观风险管理措施和宏观风险管理措施;从管理方法上,农业风险管理措施可以分为经济类管理措施和物质技术类管理措施;从风险来源上,农业风险管理措施又可以分为自然风险管理措施、市场风险管理措施、技术风险管理措施等。

在2000/2001年的发展报告中,世界银行制定了贫困人口管理生产和生活风险

第3章 风险及农业风险的相关理论

的框架体系，这一体系同样适用于对农业自然灾害风险的管理。在该体系中，所采用的农业风险管理制度按照功能不同分成提升型制度、预防型制度和应对型制度三类。提升型制度一般通过提高农业防灾、抗灾能力来降低灾害发生的可能性。例如，在硬件建设方面，投资兴建农田水利设施，减少旱涝灾害发生的可能性；大力植树造林，改善农业生态环境，减少泥石流、山体滑坡等地质灾害的发生；配备除雹、人工降雨等防灾设备以避免雹灾、旱灾的发生；建立农业灾害监测预报信息系统以利于及时采取防灾减灾措施。在软件建设方面，建立农业自然灾害应急制度，以强化灾害的预防管理和紧急应对。由于能够降低灾害发生的可能性，避免损失的出现，提升型制度是用于风险管理的最佳制度。预防型制度是指在灾害发生前采取行动以减弱其影响，主要分为多样化和保险两种方式。其中，多样化就是通常所说的"不能把所有的鸡蛋都放在同一个篮子里"，是一种个体化的风险分散形式。农业生产多样化通常包括在不同土质、地势、灌溉条件、交通条件的土地上种植不同的农作物或是从事种植业、养殖业、加工业等不同产业等。在欧洲，多样化的生产经营方式十分普遍。据统计，目前英国农民至少25%的收入来源于多样化。保险是一种社会化的风险分散方法，它以多数单位和个人缴纳的保险费为基础，建立保险基金，以弥补少数投保者的风险损失。由于保险的风险分散范围广、运行科学高效，它已经成为风险管理最为常用的手段。目前，很多国家都建立了农业保险制度，但是，由于农业保险标的的特殊性以及自然灾害影响的广泛性，农业保险很难实现盈利，因此，农业保险一般被界定为政策性保险，也就是在政府补贴或优惠政策支持下运转的一种保险形式。应对型制度则是指在灾害发生后采取行动以减弱其影响，是灾害发生后的一种补救，以求尽可能地降低灾害造成的损失，减轻灾害对农业生产的不利影响。应对型措施中，硬件建设主要聚焦于灾后恢复重建，包括重建、修补农业基础设施，开展排水、引水、治虫等救灾工作，进行灾后恢复生产等；软件建设主要是建立农业自然灾害救助制度，利用政府资源和社会力量来保障受灾农民的生产和生活。应对型制度是层次最低的风险管理制度，属于"亡羊补牢"，不适合常规使用[1]。

与一般企事业单位不同，农业风险的规避既包括政府的宏观政策性管理，也包括保险经营者和农民的微观应对。世界银行(2001)还将农业风险管理策略分为"正规"机制和"非正规"机制，并且处理策略具有不同的层次，一般可以分为微观、中观和宏观三个层次[2]。正规机制是指基于市场的行为和政府提供的机制，非正规机制则包括个人、家庭或诸如社区、村庄这样的团体的安排。微观指个人或家庭，中观是指以组群为基础的行为者(社区/地方政府)或以市场为基础的行为者(保险/

---

[1] 中国改革论坛. 国外农业自然灾害风险管理制度建设与启示[N/OL]. [2012—10—11]. http://chinareform.org.cn/Economy/Agriculture/Experience/201210/t20121012_152149.htm
[2] 世界银行. 2000/2001年世界发展报告：与贫困作斗争[M]. 北京：中国财政经济出版社，2001.

金融公司),宏观是指公共机构行为者(中央政府/国际组织)①。

  对抗自然风险最好的方法有两种。一是加大政府投资,加强农业基础设施建设,提前做好准备,做好农业自然风险防范工作。二是提高农业保险力度。但这些年来,因为农业生产风险大、收效低,农业保险一直存在赔付标准太低、险种单一、核灾理赔时间长等问题,其覆盖面和效果还有待提高。因此,应从供给侧推动我国农业保险创新,既要提高保险赔付额度,也要扩大保险品种,把一些特色产业、高效农业,像蔬菜、果树、木耳、中药材、特种养殖等都纳入国家政策性农业保险,为农业增效、农民增收撑起"保护伞",织好"安全网"。对于降低市场风险,栽种时要根据品种、技术等错开上市时间,错峰销售,避免扎堆上市,并以村为单位或成立合作社,形成"一村一业、一村一品"的格局,提升市场话语权。同时,借助"互联网+"平台,实行"农村电商+合作社+农民"等新模式,通过电商平台把农民生产的农产品销售出去。降低技术风险可以从三个方面着手:一是加大技术引进力度,帮助农民引进比较成熟的种植技术、养殖技术、加工技术,依靠先进技术增产增收;二是加大技术培训力度,注重开展针对性的技术培训,通过采取多渠道、多形式、全方位的技术培训,提高农民科技水平;三是加大技术承包力度,鼓励科技人员、新型农业经营主体开展技术承包和技术咨询,降低农民技术风险。

---

  ① 李靖,徐雪高,常瑞甫.我国农业风险的变化趋势及风险管理体系的构建[J].科技与经济,2011,24(2):54—58.

第4章 我国农业发展与农业风险现状

中国自古以农立国，具有上万年的农业发展史。有了农业这个行业，才有了农民这个职业，而农业的生产空间和农民的生活空间共同形成了农村。因而，可以说，农业是"三农"问题的发端，也是"三农"问题的集中反映。农业风险是伴随着农业发展一直存在的，对农业发展产生着极其重要的影响。

4.1 我国农业发展现状

4.1.1 农业经济在国民经济中的地位变迁

过去50年，尤其是改革开放后的40年，我国在农业发展上取得了举世瞩目的成就，农业经济也取得了很大的发展：第一产业生产总值由1978年的1 027.5亿元增加到2016年的63 671亿元，见表4-1。从1978年到2016年，三次产业之间的比例关系也发生了明显的变化，第一产业在GDP中的比重整体上呈现持续下降的态势；第二产业的比重经历了不断波动的过程，但长期稳定保持在40%～50%；第三产业在国民经济中的比重整体上处于不断上升的过程之中，从1978年的23.9%上升到2017年的51.6%，已占GDP的"半壁江山"[①]，见表4-2和图4-1。

表4-1 1978—2017年国内生产总值

年份	国内生产总值/亿元	第一产业/亿元	第二产业/亿元	第三产业/亿元	人均国内生产总值/元
1978	3 645.2	1 027.5	1 745.2	872.5	381
1979	4 062.6	1 270.2	1913.5	878.9	419
1980	4 545.6	1 371.6	2 192.0	982.0	463

---

① 数据来自中华人民共和国国家统计局历年《中国统计年鉴》。

续表

年份	国内生产总值/亿元	第一产业/亿元	第二产业/亿元	第三产业/亿元	人均国内生产总值/元
1981	4 891.6	1 559.5	2 255.5	1 076.6	492
1982	5 323.4	1 777.4	2 383.0	1 163.0	528
1983	5 962.7	1 978.4	2 646.2	1 338.1	583
1984	7 208.1	2 316.1	3 105.7	1 786.3	695
1985	9 016.0	2 564.4	3 866.6	2 585.0	858
1986	10 275.2	2 788.7	4 492.7	2 993.8	963
1987	12 058.6	3 233.0	5 251.6	3 574.0	1 112
1988	15 042.8	3 865.4	6 587.2	4 590.3	1 366
1989	16 992.3	4 265.9	7 278.0	5 448.4	1 519
1990	18 667.8	5 062.0	7 717.4	5 888.4	1 644
1991	21 781.5	5 342.2	9 102.2	7 337.1	1 893
1992	26 923.5	5 866.6	11 699.5	9 357.4	2 311
1993	35 333.9	6 963.8	16 454.4	11 915.7	2 998
1994	48 197.9	9 572.7	22 445.4	16 179.8	4 044
1995	60 793.7	12 135.8	28 679.5	19 978.5	5 046
1996	71 176.6	14 015.4	33 835.0	23 326.2	5 846
1997	78 973.0	14 441.9	37 543.0	26 988.1	6 420
1998	84 402.3	14 817.6	39 004.2	30 580.5	6 796
1999	89 677.1	14 770.0	41 033.6	33 873.4	7 159
2000	99 214.6	14 944.7	45 555.9	38 714.0	7 858
2001	109 655.2	15 781.3	49 512.3	44 361.6	8 622
2002	120 332.7	16 537.0	53 896.8	49 898.9	9 398
2003	135 822.8	17 381.7	62 436.3	56 004.7	10 542
2004	159 878.3	21 412.7	73 904.3	64 561.3	12 336
2005	184 937.4	22 420.0	87 598.1	74 919.3	14 185
2006	216 314.4	24 040.0	103 719.5	88 554.9	16 500
2007	265 810.3	28 627.0	125 831.4	111 351.9	20 169
2008	314 045.4	33 702.0	149 003.4	131 340.0	23 708
2009	340 902.8	35 226.0	157 638.8	148 038.0	25 608
2010	401 512.8	40 533.6	187 383.2	173 596.0	30 015
2011	473 104.0	47 486.2	220 412.8	205 205.0	35 198
2012	519 470.1	52 373.6	235 162.0	231934.5	38 459
2013	568 845.2	56 957.0	249 684.4	262 203.8	41908

第4章 我国农业发展与农业风险现状

续表

年份	国内生产总值/亿元	第一产业/亿元	第二产业/亿元	第三产业/亿元	人均国内生产总值/元
2014	636 138.7	58 336.1	271 764.5	306 038.2	46 629
2015	676 708.0	60 863.0	274 278.0	341 567.0	49 351.0
2016	744 127	63 671	296 236	384 221	53 980
2017	827 122	65 468	334 623	427 032	59 502

注:1.1980年以后国民总收入(原称国民生产总值)与国内生产总值的差额为国外净要素收入。
   2.本表按当年价格计算

表4-2 1978—2017年我国国内生产总值构成　　　　　　　　单位:%

年份	国内生产总值	第一产业	第二产业	第三产业
1978	100.0	28.2	47.9	23.9
1979	100.0	31.3	47.1	21.6
1980	100.0	30.2	48.2	21.6
1981	100.0	31.9	46.1	22.0
1982	100.0	33.4	44.8	21.8
1983	100.0	33.2	44.4	22.4
1984	100.0	32.1	43.1	24.8
1985	100.0	28.4	42.9	28.7
1986	100.0	27.1	43.7	29.2
1987	100.0	26.8	43.6	29.6
1988	100.0	25.7	43.8	30.5
1989	100.0	25.1	42.8	32.1
1990	100.0	27.1	41.3	31.6
1991	100.0	24.5	41.8	33.7
1992	100.0	21.8	43.5	34.7
1993	100.0	19.7	46.6	33.7
1994	100.0	19.9	46.6	33.5
1995	100.0	20.0	47.2	32.8
1996	100.0	19.7	47.5	32.8
1997	100.0	18.3	47.5	34.2
1998	100.0	17.6	46.2	36.2
1999	100.0	16.5	45.8	37.7
2000	100.0	15.1	45.9	39.0
2001	100.0	14.4	45.2	40.5

续表

年份	国内生产总值	第一产业	第二产业	第三产业
2002	100.0	13.7	44.8	41.5
2003	100.0	12.8	46.0	41.2
2004	100.0	13.4	46.2	40.4
2005	100.0	12.1	47.4	40.5
2006	100.0	11.1	47.9	41.0
2007	100.0	10.8	47.3	41.9
2008	100.0	10.7	47.4	41.9
2009	100.0	10.3	46.2	43.5
2010	100.0	10.1	46.7	43.2
2011	100.0	10.0	46.6	43.4
2012	100.0	10.1	45.3	44.6
2013	100.0	10.0	43.9	46.1
2014	100.0	9.2	42.7	48.1
2015	100.0	9.0	40.5	50.5
2016	100.0	8.6	39.8	51.6
2017	100.0	7.9	40.5	51.6

注：本表按当年价格计算

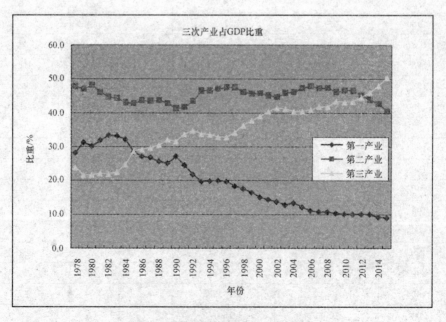

图 4-1 我国三次产业占 GDP 的比重

虽然目前我国农业产值占 GDP 的比重已经不到 10%，但是，从中华人民共和国成立至今，我国农业为国家的建设做出了巨大的贡献，为工业提供了大量的资金积累。自 1953 年起，中国开始实施粮食统购统销政策，据专家测算，在 1950—1978 年的 28 年中，政府通过工农产品"剪刀差"大约取得 5 100 亿元收入；同期，农业税收总额 789 亿元，扣除财政支农支出 1 577 亿元，政府通过征收制度提取农业剩余净额总额 4 312 亿元，平均每年从农业部门获得的资金净额在 154 亿元左右。1979—1994 年的 15 年间，政府通过工农产品"剪刀差"从农民那里又取得了大约 15 000 亿元的收入；同期，农业税收总额 1 755 亿元，各项支农支出 3 769 亿元，政府通过农村税费制度提取农业剩余净额约 12 986 亿元，平均每年从农业部门流向城市工业部门的资金高达 811 亿元。

4.1.2 耕地等农业资源变化情况

从前面的分析可以看到，我国农业发展已经取得了令人惊喜的成绩，但同时面临的挑战也不容小觑。中国的农业资源总量位居世界前列，但是人均占有量大大低于世界平均水平，并且日益减少，前景堪忧。耕地等农业资源的匮乏，也严重制约着我国未来农业的发展。

2013 年 12 月 30 日，国土资源部、国家统计局与国务院第二次全国土地调查领导小组办公室，联合发布了《关于第二次全国土地调查主要数据成果的公报》[①]。公报显示，全国耕地总面积为 20.3 亿亩（世界排名第 4 位），人均耕地 1.4 亩（190 多个国家中排在 126 位），不足世界人均水平的一半（加拿大人均耕地是中国的 18 倍，印度人均耕地是中国的 20 倍）；户均农地规模为 0.5 公顷，相当于欧盟的 1/40，美国的 1/400。从表 4-3 中可以看出，世界耕地面积前七名的国家，也是国土总面积前七名的国家；虽然印度的国土面积较小，但耕地比例很高，因此，耕地面积高居世界第二。另据国土资源部统计，截至 2015 年年末，全国共有农用地 64 545.68 万公顷，其中耕地 13 499.87 万公顷（20.25 亿亩）、园地 1 432.33 万公顷、林地 25 299.20 万公顷、牧草地 21 942.06 万公顷；2015 年，全国因建设占用、灾毁、生态退耕、农业结构调整等原因减少耕地面积 30.17 万公顷，通过土地整治、农业结构调整等增加耕地面积 24.23 万公顷[②]。据 2016 年度全国土地变更调查主要数据结果显示，截至 2016 年年末，全国耕地面积为 20.24 亿亩。总的来看，近几年，我国的耕地面积还是在慢慢减少，虽然减少的数量不多。

---

① 第一次全国土地调查是在 1984—1997 年（一调），第二次是在 2007—2009 年（二调），均是旷日持久的全国性普查。

② 数字来源于中华人民共和国国土资源部《2016 中国国土资源公报》。

表 4-3 2005 年世界部分国家耕地面积情况

国家	耕地面积/平方千米	耕地面积占比/%	总土地面积/平方千米
世界	17 298 900	11.61	149 000 000
美国	1 669 302	18.22	9 161 923
印度	1 535 058	51.63	2 973 190
中国	1 220 827	12.67	9 634 057
俄罗斯	1 237 294	7.28	16 995 800
巴西	661 299	7.82	8 456 510
加拿大	474 681	5.22	9 093 507
澳大利亚	471 550	6.19	7 617 930
阿根廷	284 342	10.39	2 736 690
法国	227 155	35.49	640 053
泰国	176 407	34.47	511 770
南非	157 246	12.89	1 219 912
德国	117 793	33.73	349 223
日本	46 993	12.54	374 744

同时，二次调查的相关数据反映，全国有 564.9 万公顷耕地位于东北、西北地区的林区、草原以及河流湖泊最高洪水位控制线范围内，还有 431.4 万公顷耕地位于 25°以上陡坡，这 996.3 万公顷（将近 1.5 亿亩）耕地中，有相当部分需要根据国家退耕还林、还草、还湿和耕地休养生息等政策安排逐步调整。而且，有相当数量的耕地还受到中、重度污染，大多不宜耕种；还有一定数量的耕地，因开矿塌陷造成地表土层破坏以及地下水超采，已影响正常耕种。这样算下来，适宜稳定利用的耕地也就只有 1.2 亿多公顷（约 18 亿亩），见图 4-2。

此外，我国水资源总量为 2.8 万亿立方米，但人均占有量不足 2 700 立方米，只有世界人均水平的 1/4。据估计，在北方缺水地区，地表水的利用率已达 43%~68%，地下水资源开发率已达 40%~84%。而且，由于对地下水的过度开采和农田大面积的漫灌，地面沉降，周遭的江河湖泊断流枯竭，水资源日趋贫乏，农田得不到充足的灌溉。另外，水资源的污染也正在急剧扩大，致使能作为资源的水正在迅速缩减。

今后，随着人口的增长和工业化的发展，对农业资源的占用还会进一步扩大，资源对我国农业发展的约束作用将会不断增强。

第4章 我国农业发展与农业风险现状

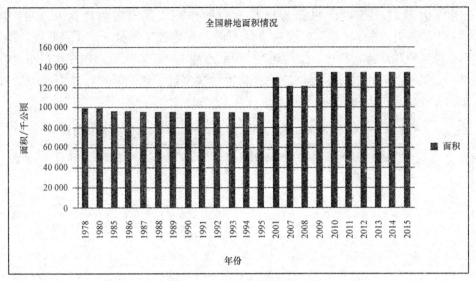

图 4-2 我国耕地面积情况

注：图中数字来源于《中国统计年鉴》。

(1)《中国统计年鉴》注明本表数据来源于国土资源部，为各地区耕地面积加总。2008年度土地变更调查截止时点为2008年12月31日。

(2)2001—2006 年数据来源于国土资源部、国家统计局、全国农业普查办公室《关于土地利用现状调查主要数据成果的公报》，耕地面积（总资源）数据为1996年10月31日时点数。据国家统计局初步测算，2001年耕地总面积为127 082千公顷，其中常用耕地面积为105 826千公顷，临时性耕地面积为21 256千公顷。

(3)1995年前数据，实有耕地面积数字偏小，有待进一步核查。

4.1.3 农作物播种和耕地灌溉面积及粮食产量和化肥施用量等情况

从1978年改革开放以来，我国粮食总产量从30 476.5万吨增加到2015年的62 144万吨，虽然2016年全年粮食产量61 624万吨，比上年减少520万吨，减产0.8%；但2017年全年粮食产量61 791万吨，比上年增加167万吨，增产0.3%[1]，总体来讲，全国粮食产量还是增加了很多。同期，我国农作物总播种面积变动却不是很大，仅略有增加，其中粮食作物播种面积还略有下降，耕地灌溉面积增加较大，化肥施用量大幅度增加，从1978年的884.0万吨增加到2015年的6 023万吨，详见表4-4。据相关研究分析，20世纪80年代初，我国粮食产量大幅度提高的主要原因是家庭联产承包责任制的制度创新效用；而在80年代中期之后，我国粮食增产、农业发展的主要原因则是技术进步提高了粮食单位面积产量。据国家统计局资料显示，目前，中国农业科技贡献率已达39%。此外，国家的价格政策

---

[1] 中华人民共和国国家统计局.《2017年国民经济和社会发展统计公报》.2018-02-28.

和市场改革对农业生产也起着极其重要的作用。我国粮食产量从2003年的43 069.5万吨增长到2015年的62 144万吨，平均每年增长1 500多万吨。但是，现在总供给和总需求相比，大约还有2 500万吨的缺口，所以，现在进口粮食是必需的。实际上，我国每年进口的粮食总量远远超过了这个缺口，这对我国的粮食安全来说是非常不利的。

表4-4 农作物播种面积、粮食产量、耕地灌溉面积、化肥施用量

年 份	农作物总播种面积 /千公顷	粮食作物播种面积 /千公顷	耕地灌溉面积 /千公顷	化肥施用量 /万吨	粮食 /万吨
1978	150 104	120 587	44 965.0	884.0	30 476.5
1980	146 380	117 234	44 888.1	1 269.4	32 055.5
1985	143 626	108 845	44 035.9	1 775.8	37 910.8
1990	148 362	113 466	47 403.1	2 590.3	44 624.3
1991	149 586	112 314	47 822.1	2 805.1	43 529.3
1992	149 007	110 560	48 590.1	2 930.2	44 265.8
1993	147 741	110 509	48 727.9	3 151.9	45 648.8
1994	148 241	109 544	48 759.1	3 317.9	44 510.1
1995	149 879	110 060	49 281.2	3 593.7	46 661.8
1996	152 381	112 548	50 381.4	3 827.9	50 453.5
1997	153 969	112 912	51 238.5	3 980.7	49 417.1
1998	155 706	113 787	52 295.6	4 083.7	51 229.5
1999	156 373	113 161	53 158.4	4 124.3	50 838.6
2000	156 300	108 463	53 820.3	4 146.4	46 217.5
2001	155 708	106 080	54 249.4	4 253.8	45 263.7
2002	154 636	103 891	54 354.9	4 339.4	45 705.8
2003	152 415	99 410	54 014.2	4 411.6	43 069.5
2004	153 553	101 606	54 478.4	4 636.6	46 946.9
2005	155 488	104 278	55 029.3	4 766.2	48 402.2
2006	152 149	104 958	55 750.5	4 927.7	49 804.2
2007	153 464	105 638	56 518.3	5 107.8	50 160.3
2008	156 266	106 793	58 471.7	5 239.0	52 870.9
2009	158 614	108 986	59 261.4	5 404.4	53 082.1
2010	160 675	109 876	60 347.7	5 561.7	54 647.7
2011	162 283	110 573	61 681.6	5 704.2	57 120.8
2012	163 416	111 205	62 490.5	5 838.8	58 958.0
2013	164 627	111956	63 473	5 912	60 194
2014	165 446	112 723	64 540	5 996	60 703
2015	166 374	113 343	65 873	6 023	62 144

4.1.4 农村人口、贫困人口及劳动力情况

我国内地总人口从1949年的5.4亿人增加到2017年年末的13.9008亿人,增加了约1.57倍。1952年,我国农村人口占总人口比重高达87.5%,直至1981年这一比重才降至79.84%;2000年农村人口比重降至63.8%,2011年城镇人口比重首次超过农村人口比重,达到51.27%。如图4-3和图4-4所示。国家统计局最新发布的数据显示,2017年年末城镇常住人口81 347万人,占总人口比重(常住人口城镇化率)为58.52%,比上年年末提高1.17个百分点,而农村人口57 661万人,占总人口比重则降到41.48%。虽然农村人口比重仍比世界同期平均水平略高,但差距已经大大缩小了。而且,同期我国农村劳动力也实现了逐步转移。2016年全国农民工总量28 171万人,比上年增长1.5%;其中,外出农民工16 934万人,增长0.3%;本地农民工11 237万人,增长3.4%[①]。2017年,全国农民工总量28 652万人,比上年增长1.7%;其中,外出农民工17 185万人,增长1.5%;本地农民工11 467万人,增长2.0%。

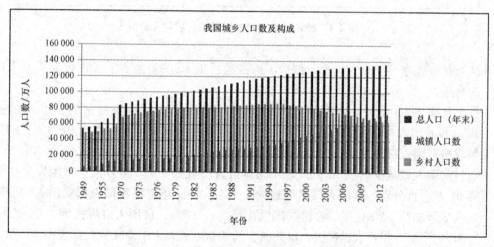

图4-3 1949—2013年我国城乡人口数及构成

自改革开放以来,随着我国农村人口比重的逐步降低,以及经济高速增长和大规模、有组织的国家扶贫行动,我国的脱贫事业取得了显著的成就,以农村现行贫困标准衡量,农村贫困人口减少了7亿人。来自世界银行2008年的数据显示,过去25年全球脱贫事业成就的67%来自中国。联合国《2008年千年发展目标报告》中称,中国通过深入有效的扶贫措施,成为世界上减贫人口最多的国家,是当时全球唯一提前实现联合国千年发展目标中贫困人口减半目标的国家,为全

---

① 以上数据均出自历年的《中国统计年鉴》。

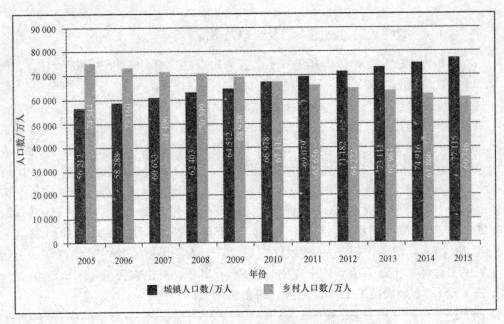

图 4-4　2005—2015 年中国城镇、农村人口对比

球减贫事业做出了重大贡献,创造了用占世界 1/10 的耕地养活了占世界 1/5 人口的奇迹。

从表 4-5、图 4-5 中可以看出,按 2014 年当年价现行农村贫困标准衡量[①],1978 年我国农村贫困人口规模为 7.7 亿人,农村居民贫困发生率为 97.5%;2015 年农村贫困人口规模为 5 575 万人,贫困发生率为 5.7%。从 1978 年到 2015 年,农村贫困人口减少约 7.15 亿人,年均减贫人口规模 1 930 多万人;贫困发生率下降 91.8 个百分点,贫困人口年均减少 6.4%。2000 年以来我国农村贫困人口下降速度显著加快:2000 年,农村贫困发生率为 49.8%,贫困人口规模为 4.62 亿人。2000 年到 2015 年,农村贫困人口共减少约 4.064 亿人,年均减贫人口规模 2 709 万人;贫困发生率下降 44.1 个百分点。尤其 2010 年以来,我国农村贫困人口下降速度继续加快:2010 年,农村贫困发生率为 17.2%,贫困人口规模为 1.66 亿人。2011 年到 2015 年,农村贫困人口共减少 1.099 2 亿人,年均减贫人口规模 2 198.4 万人;贫困发生率下降 11.5 个百分点,贫困人口年均减少 20%。按照每人每年 2 300 元(2010 年不变价)的农村贫困标准计算,2016 年农村贫困人口 4 335 万人,比上年减少 1 240 万人;2017 年年末农村贫困人口 3 046 万人,比上年末减少 1 289 万人;贫

---

① 按《中国农村扶贫开发纲要(2011—2020 年)》提出的目标要求,我国制定了现行农村贫困标准,即"2010 年价格水平每人每年 2 300 元"。国家统计局每年根据农村低收入居民生活消费价格指数,对此标准进行更新。经过此次大幅上调,中国国家扶贫标准线与世界银行的名义国际贫困标准线的距离为史上最近。经过调整后,2016 年贫困线约为 3 000 元,2015 年为 2 800 元,2014 年为 2 800 元。

困发生率3.1%，比上年下降1.4个百分点①②。

尤其是2013年11月，习近平总书记首次提出了"精准扶贫"的理念，"精准扶贫"战略的实施，使我国农村贫困人口不断减少，意味着农民的收入不断增长，可以更好地提高农民的农业风险应对能力。

表4-5 1978—2016年农村贫困状况

年份	1978年标准		2008年标准		2010年标准	
	贫困人口/万人	贫困发生率/%	贫困人口/万人	贫困发生率/万人	贫困人口/万人	贫困发生率/%
1978	25 000.0	30.7			77 039	97.5
1980	22 000.0	26.8			76 542	96.2
1981	15 200.0	18.5				
1982	14 500.0	17.5				
1983	13 500.0	16.2				
1984	12 800.0	15.1				
1985	12 500.0	14.8			66 101	78.3
1986	13 100.0	15.5				
1987	12 200.0	14.3				
1988	9 600.0	11.1				
1989	10 200.0	11.6				
1990	8 500.0	9.4			65 849	73.5
1991	9 400.0	10.4				
1992	8 000.0	8.8				
1994	7 000.0	7.7				
1995	6 540.0	7.1			55 463	60.5
1997	4 962.0	5.4				
1998	4 210.0	4.6				
1999	3 412.0	3.7				
2000	3 209.0	3.5	9 422	10.2	46 224	49.8
2001	2 927.0	3.2	9 029	9.8		
2002	2 820.0	3.0	8 645	9.2		
2003	2 900.0	3.1	8 517	9.1		
2004	2 610.0	2.8	7 587	8.1		
2005	2 365.0	2.5	6 432	6.8	28 662	30.2

① 以上数据根据历年《中国统计年鉴》整理得出。
② 2017年数据均出自：国家统计局．中华人民共和国2017年国民经济和社会发展统计公报．http://www.stats.gov.cn/tjsj/zxfb/201802/t20180228_1585631.html

续表

年份	1978年标准		2008年标准		2010年标准	
	贫困人口/万人	贫困发生率/%	贫困人口/万人	贫困发生率/万人	贫困人口/万人	贫困发生率/%
2006	2 148.0	2.3	5 698	6.0		
2007	1 479.0	1.6	4 320	4.6		
2008			4 007	4.2		
2009			3 597	3.8		
2010			2 688	2.8	16 567	17.2
2011					12 238	12.7
2012					9 899	10.2
2013					8 249	8.5
2014					7 017	7.2
2015					5 575	5.7
2016					4 335	3.1
2017					3 046	3.1

注：1. 1978年标准：1978—1999年称为农村贫困标准，2000—2007年称为农村绝对贫困标准。
2. 2008年标准：2000—2007年称为农村低收入标准，2008—2010年称为农村贫困标准。
3. 2010年标准：现行农村贫困标准，为每人每年2 300元（2010年不变价）

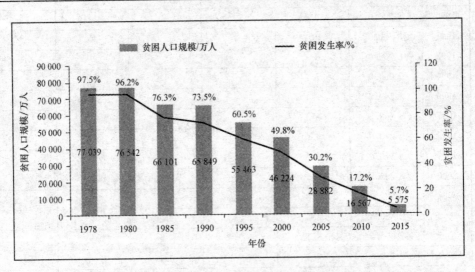

图4-5 1978—2015年我国农村贫困状况

4.1.5 农村教育及农民文化水平情况

众所周知，我国是一个农村人口数量庞大的农业大国，农村人口文化水平的提高，有助于实现农业现代化、增加农民收入、提高农民的生活水平，因此，抓好农村教育是十分重要的。近些年来，我们正在实行科教兴国战略，在国家大力倡导下，大部分农民都认识到了教育的重要性，产生了支持教育和以子女读书为荣的观念，也希望自己的子女能够通过教育摆脱"农民"的束缚，走向更远的天空。农民素质整体水平呈上升趋势，积极的思想和心态占据了主流地位。

然而，改革开放以来，我国农民绝对收入虽然提高了很多，但是，由于受市场经济和传统农业观念的束缚，农民本身并不能仅仅通过种田来提高收入。因为农产品增值的同时，化肥、农药等投入也成倍增长，同时受观念的束缚和文化水平的制约，难以采用先进科学技术和先进设备，没有增加品种的价值，农民的实际收入增加并不多，家庭条件并没有得到很大的改善。

同时，随着我国城乡经济发展的不平衡，城乡教育发展也开始变得极不平衡。农村的经济发展相对缓慢，农村财政比较紧张，各种经费特别是教育经费不足，从而导致农村学校的教学和办公环境、教学仪器、实验设备、图书资料与城市学校相比有着较大的差距；农村教师的工资待遇也普遍偏低，很多师范学校的毕业生不愿意到农村教书，农村师资力量不够，且农村教师素质明显低于城市。与此同时，由于教育费用的提高，教育支出所占的比例占据了家庭收入的很大一部分，这让农民苦不堪言。而且在农村，家庭条件本来就有限，父母文化水平也不高，孩子们从学校回到家中就无人管教，这也影响了孩子的学习成绩。同时一些受传统愚昧思想影响的家长，思想观念陈腐，认为读书无用，所以排斥教育。在大学生就业整体不乐观的大背景下，那些家庭比较困难而背负债务学习的农村孩子，常常毕业后无法找到合适的工作，这样的话，他们较高的教育风险投资就得不到回报，使得"读书无用"思想重新回潮。此外，由于市场经济发展的不平衡，大量的农民涌进城市务工成为"农民工"，于是出现了许多"留守生"和"代理家长"，由于亲情缺失和隔代教育，留守子女大多存在巨大的心理创伤，性格也变得较为孤僻，这也在很大程度上影响了学生综合素质的提高。以上种种因素的综合作用导致了农村教育明显落后于城市教育。

农村教育的落后导致了我国农村人口素质低下。据国家统计局统计，在农村劳动力中，初中及以下文化程度的占 87.8%，高中及中专文化程度的占 11.7%，大专及以上文化程度的只占 0.52%，文盲[①]、半文盲等低素质的农村劳动力较多[②]。虽然近些年情况有所好转，但农村低学历人口的比例依然远高于城市，城市高学历人口的比例则明显高于农村。在城市，高中、中专、大专、本科、研究生学历人口的比例分别是农村的 3.5 倍、16.5 倍、55.5 倍、281.55 倍、323 倍。从

[①] 文盲的标准，依一个国家经济条件和文化水平而定。多数国家规定只会读不会写者为文盲。在中国，为了有计划地开展扫盲工作，把识字 500 个以上但未达到扫盲标准的人定为半文盲。文盲是指不识字的成年人，按照我国的标准是指年满 15 周岁以上的文盲、半文盲公民。

[②] 李莉. 农民收入水平与受教育状况相关性分析[J]. 广西社会科学, 2006(7): 166−169.

第五次全国人口普查结果来看，2000年，全国仍有8 507万文盲，其中城镇为1 842万人，占城镇人口总数的比率为4.04%；农村有6 665万人，占农村人口总数的比率为8.25%。2011年4月28日，国家统计局公布的第六次全国人口普查主要数据显示，与2000年人口普查相比，每十万人中具有大学文化程度的由3 611人上升为8 930人，具有高中文化程度的由11 146人上升为14 032人；具有初中文化程度的由33 961人上升为38 788人；具有小学文化程度的由35 701人下降为26 779人。大陆31个省、自治区、直辖市和现役军人的人口中，文盲人口（15岁及以上不识字的人）为54 656 573人；文盲率（15岁及以上不识字的人口占总人口的比重）为4.08%，比2000年人口普查时的6.72%下降2.64个百分点。而从表4-6中可以看出，我国农村居民劳动力文化程度情况依然不乐观。2012年，我国农村居民家庭平均每百个劳动力中不识字或识字很少的为5.30个，比重约为5.3%，远高于全国文盲率。

表4-6 农村居民家庭劳动力文化程度情况

指标/平均每百个劳动力中的人数	1990年	1995年	2000年	2011年	2012年	2012年人数为下列各年人数百分比/%	
						1990年	2011年
不识字或识字很少/人	20.73	13.47	8.09	5.47	5.30	25.6	96.9
小学程度/人	38.86	36.62	32.22	26.51	26.07	67.1	98.4
初中程度/人	32.84	40.10	48.07	52.97	53.03	161.5	100.1
高中程度/人	6.96	8.61	9.31	9.86	10.01	143.8	101.5
中专程度/人	0.51	0.96	1.83	2.54	2.66	522.0	104.9
大专及以上程度/人	0.10	0.24	0.48	2.65	2.93	2 929.5	110.4

注：本表数据来源于国家统计局《中国农村统计年鉴2015》。

但是，随着改革的不断深入和市场经济的纵深发展，对农民素质提出了更高的要求，现代农业的发展需要的是新型职业农民。新型职业农民是指具有科学文化素质、掌握现代农业生产技能、具备一定经营管理能力，以农业生产、经营或服务作为主要职业，以农业收入作为主要生活来源，居住在农村或集镇的农业从业人员。新型职业农民将从事农业作为固定乃至终身职业，是真正的农业继承人，将成为以后农业发展的主力军，承担起中国农业发展的重任。目前，有越来越多的人加入转化为新型职业农民的潮流中去。农民素质包括文化知识素质、科学技术素质、思想道德素质、经营管理素质和身体健康素质等。作为农业生产主体的农民，文化知识水平的高低直接影响着农业科学技术的推广和应用；而科学技术素质关系着农民的收入；经营管理和身体健康素质也会对农民的收入产生很大的影响;思想道德素质作为制约人的全面发展和发展环境改善的决定性因素,则对推动农村经济整体发展起着重要作用。

马克思主义认为,人是生产力中最富有活力、最富有创造性的决定性因素。只有人的素质提高了,经济才能发展,社会才能进步。有关专家关于劳动生产率的调查表明,以文盲的劳动生产率为 1 计,小学文化程度则为 1.43,中学文化程度为 2.08,大学文化程度为 4。这说明,人的素质高低直接决定着劳动生产率的水平。但是,目前我国部分农民受教育程度较低,自身素质偏低,文化知识水平和素质不适应市场经济,导致了农民增收和农村发展的缓慢。

(1)部分农民的思想观念陈旧保守,满足现状、小富即安的思想比较严重,甚至缺乏自强、自立和进取精神,而且信息不灵、盲目随意。与农村市场化所要求的开放意识、市场意识、竞争意识、信用意识有较大的差距,自律性差、随意性大、短期行为严重,甚至只顾眼前利益而不顾质量和信誉,干出"砸牌子、失市场"的事,或者只想依靠国家或政府救助或扶贫而不愿意努力靠自己致富。

(2)小农意识、经验意识浓厚,导致农民对国家政策的认识、理解、掌握和运用不够准确,很难抓住机遇。由于科技素质低下,部分农民对新项目、新技术应用缺乏兴趣和信心,接受和应用农业新技术、新成果的能力较低,农民在高科技农业推广过程中被建构成为"文盲农民"。这些都导致他们看不到事物的发展前景,只顾眼前利益,不顾长远利益,盲目投资,很难选到明确的长久的致富道路。

(3)部分农民的道德约束力下降,导致了农村一些不良社会风气的滋长。封建迷信、红白事大操大办以及增收后盲目地修建房屋、讲排场、搞攀比等,增加了农民的非生产性的额外支出,有的甚至欠下债务,结果造成农业再生产投资不足,扩大再生产规模更是乏力,持续性增收道路越走越难。

4.1.6 农民收入变动情况

改革开放以来,农民绝对收入显著提高。1978 年,我国农村居民人均纯收入仅为 133.6 元,1994 年首次突破千元大关,达到 1 221 元。2015 年农村居民人均可支配收入 11 422 元,比上年增长 8.9%,扣除价格因素,实际增长 7.5%;全年农村居民人均纯收入 10 772 元,持续稳定增长。

虽然农村居民收入绝对值增长及增速都比较快,但实际上城乡收入差距依然很大。改革开放初期到 1984 年,农民收入增长速度很快,但此后农民收入名义增长率很高,而实际增长率多数年份都不到 10%,甚至低于 5%。从 1997 年到 2002 年的 6 年时间里,农民的收入增长率没有一年超过 5%,而城镇居民家庭人均收入增长率只有 1995—1997 年 3 年间略低于 5%。2005 年,我国城镇居民家庭人均可支配收入已经突破万元大关(10 493 元),2006 年更达到 11 759.5 元,而同期农村居民家庭人均纯收入才不过 3 587 元,城乡收入比达到创纪录的 3.27∶1,见表 4-7、表 4-8、图 4-6。如果考虑到农民收入中有近 40% 的实物折算,并且须扣除必需的生产性开支,而城镇居民实际还存在一定的隐性福利和补贴,专家估计城乡居民的消费水平差距将继续扩大。即便不考虑通货膨胀的因素,农村居民人均收入的绝对数甚至还赶不上1995年城镇居民的收入水平(4 283元)。城乡之间日益加深的鸿沟将是影响农业发展、社会稳定的最大隐患。

表4-7 我国城乡居民消费水平

年份	绝对数/元			城乡消费水平对比(农村居民=1)	指数(上年=100)			指数(1978=100)		
	全体居民	城镇居民	农村居民		全体居民	城镇居民	农村居民	全体居民	城镇居民	农村居民
1978	184	405	138	2.9	104.1	103.3	104.3	100.0	100.0	100.0
1980	238	490	178	2.7	109.1	107.3	108.6	116.8	110.4	115.7
1985	440	750	346	2.2	112.7	107.4	114.4	181.3	137.4	192.5
1990	831	1404	627	2.2	102.8	101.4	103.4	227.5	163.6	240.4
1995	2 330	4 769	1 344	3.5	108.3	109.5	105.0	339.8	285.6	288.8
2000	3 721	6 999	1 917	3.7	110.6	109.7	106.6	493.1	382.9	377.6
2001	3 987	7 324	2 032	3.6	106.1	103.8	104.6	523.2	397.4	395.2
2002	4 301	7 745	2 157	3.6	108.4	106.3	106.6	567.3	422.5	421.1
2003	4 606	8 104	2 292	3.5	105.3	103.5	104.6	600.0	437.2	440.5
2004	5 138	8 880	2 521	3.5	107.2	106.0	103.9	643.0	463.3	457.8
2005	5 771	9 832	2 784	3.5	109.7	108.5	106.8	705.4	502.6	488.9
2006	6 416	10 739	3 066	3.5	108.4	106.5	107.3	765.0	535.6	524.7
2007	7 572	12 480	3 538	3.5	112.8	111.6	108.7	862.6	597.6	570.4
2008	8 707	14 061	4 065	3.5	108.3	106.5	107.0	934.3	636.4	610.3
2009	9 514	15 127	4 402	3.4	109.8	108.0	109.3	1 026.1	687.1	666.9
2010	10 919	17 104	4 941	3.5	109.6	107.9	107.4	1 124.5	741.2	716.0
2011	13 134	19 912	6 187	3.2	111.0	108.2	112.9	1 248.6	802.1	808.6
2012	14 699	21 861	6 964	3.1	109.1	107.2	108.9	1362.0	859.9	880.4
2013	16 190	23 609	7 773	3.0	107.1	105.5	108.2	1 462.0	905.4	955.8
2014	17 778	25 424	8 711	2.9	107.7	105.6	109.9	1574.6	956.3	1 050.4
2015	19 397	27 210	9 679	2.8	107.5	105.5	109.5	1 692.6	1 008.1	1 150.6
2016	21 228	29 219	10 752	2.7	107.3	105.2	109.1	1 816.1	1 060.9	1 254.9

注:1. 数据来源《中国统计年鉴2017》。本表绝对数按当年价格计算,指数按不变价格计算。
2. 城乡消费水平对比没有剔除城乡价格不可比的因素(表4-8同)。
3. 居民消费水平指按常住人口平均计算的居民消费支出(表4-8同)。

第4章 我国农业发展与农业风险现状

表4-8 城乡居民人均收入及恩格尔系数

年份	城镇居民人均可支配收入		农村居民人均纯收入		城镇居民恩格尔系数/%	农村居民恩格尔系数/%
	绝对数/元	指数(1978=100)	绝对数/元	指数(1978=100)		
1978	343.4	100.0	133.6	100.0	57.5	67.7
1980	477.6	127.0	191.3	139.0	56.9	61.8
1985	739.1	160.4	397.6	268.9	53.3	57.8
1990	1 510.2	198.1	686.3	311.3	54.2	58.8
1991	1 700.6	212.4	708.6	317.4	53.8	57.6
1992	2 026.6	232.9	784.0	336.2	53.0	57.6
1993	2 577.4	255.1	921.6	346.9	50.3	58.1
1994	3 496.2	276.8	1 221.0	364.3	50.0	58.9
1995	4 283.0	290.3	1 577.7	383.6	50.1	58.6
1996	4 838.9	301.6	1 926.1	418.1	48.8	56.3
1997	5 160.3	311.9	2 090.1	437.3	46.6	55.1
1998	5 425.1	329.9	2 162.0	456.1	44.7	53.4
1999	5 854.0	360.6	2 210.3	473.5	42.1	52.6
2000	6 280.0	383.7	2 253.4	483.4	39.4	49.1
2001	6 859.6	416.2	2 366.4	503.7	38.2	47.7
2002	7 702.8	472.1	2 475.6	527.9	37.7	46.2
2003	8 472.2	514.6	2 622.2	550.6	37.1	45.6
2004	9 421.6	554.2	2 936.4	588.0	37.7	47.2
2005	10 493.0	607.4	3 254.9	624.5	36.7	45.5
2006	11 759.5	670.7	3 587.0	670.7	35.8	43.0
2007	13 785.8	752.5	4 140.4	734.4	36.3	43.1
2008	15 780.8	815.7	4 760.6	793.2	37.9	43.7
2009	17 174.7	895.4	5 153.2	860.6	36.5	41.0
2010	19 109.4	965.2	5 919.0	954.4	35.7	41.1
2011	21 809.8	1 046.3	6 977.3	1 063.2	36.3	40.4
2012	24 564.7	1 146.7	7 916.6	1 176.9	36.2	39.3
2013	26 955.1	1 227.0	8 895.9	1 286.4	35.0	37.7
2014	29 381.0	1 310.5	9 892.0	1 404.7	35.6	37.9
2015	31 790.3	1 396.9	10 772.0	1 510.1	34.8	37.1
2016	33 616		12 363		29.3	32.2
2017	36 396		13 432		28.6	31.2

注：数据来自《中国统计年鉴》。本表1978—2012年数据来源于分别开展的城镇住户、农村住户抽样调查资料；2013—2015年数据是为满足"十二五"规划需要，根据城乡一体化住户收支与生活状况调查得到的数据；2016年起不再推算

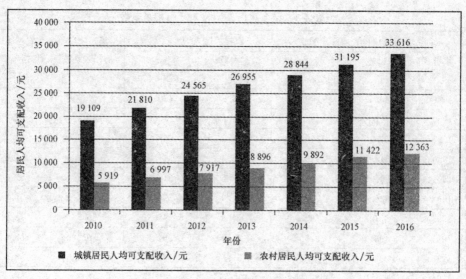

图 4-6 城乡居民人均可支配收入对比

另外,从收入结构来看,农民难以从农业中获益也制约了农民收入的增长。许多经济学者的研究证明,农产品产量的提高对农民收入的增长贡献甚微。从农村居民收入结构来看,1995—2015 年,家庭经营纯收入占人均纯收入的比重从 71.4% 下降到了 39.4%;工资性收入占人均纯收入的比重从 22.4% 增加到 40.3%,转移性收入占人均纯收入的比重从 3.6% 增加到 18.1%,见表 4-9。一方面,这体现了农村居民收入来源更加多元化和国家对农村转移支付的增加;另一方面,更反映了农业的危机,预示着农业发展的难度。20 世纪 90 年代末,农村居民家庭纯收入的绝对数连续下降了 3 年。历史证明,农民生活最好过的时候并非普遍外出打工的年头,而正是农业方面收入增长迅猛的时期。农业收入的踯躅不前,将成为农民生活水平提高的瓶颈。

表 4-9 农村居民人均收入与支出   单位:元

项目	1990年	1995年	2000年	2005年	2010年	2011年	2012年	2013年	2014年	2015年
人均纯收入	686.3	1 577.7	2 253.4	3 254.9	5 919.0	6 977.3	7 916.6	8 895.9	10 488.9	11 421.7
工资性收入	138.8	353.7	702.3	1 174.5	2 431.1	2 963.4	3 447.5	4 025.4	4 152.2	4 600.3
家庭经营收入	518.6	1 125.8	1 427.3	1 844.5	2 832.8	3 222.0	3 533.4	3 793.2	4 237.4	4 503.6
财产性收入	29.0	41.0	45.0	88.5	202.2	228.6	249.1	293.0	222.1	251.5
转移性收入	6.79	57.3	78.8	147.4	452.9	563.3	686.7	784.3	1 877.2	2 066.3
人均消费支出	584.6	1 310.4	1 670.1	2 555.4	4 381.8	5 221.1	5 908.0	6 625.5	8 382.6	9 222.6
食品	343.8	768.2	820.5	1 162.0	1 800.7	2 107.3	2 323.9	2 495.7	2 814.0	3 048.0
衣着	45.4	89.8	96.0	148.4	264.0	341.3	396.4	438.3	510.4	550.5
居住	101.4	182.2	258.3	370.2	835.2	961.5	1 086.4	1 233.6	1 762.7	1 926.2

续表

项目	1990年	1995年	2000年	2005年	2010年	2011年	2012年	2013年	2014年	2015年
家庭设备及用品	30.9	68.5	75.4	111.4	234.1	308.9	341.7	387.1	506.5	545.6
交通通信	8.4	33.8	93.1	245.0	461.1	547.0	652.8	796.0	1 012.6	1 163.1
文教娱乐	31.4	102.4	186.7	295.4	366.7	396.4	445.5	486.0	859.5	969.3
医疗保健	19.0	42.5	87.6	168.1	326.0	436.8	513.8	614.2	753.9	846.0
其他	4.3	23.1	52.5	54.4	94.0	122.0	147.6	174.9	163.0	174.0
人均现金消费支出	374.7	859.4	1 284.7	2 134.6	3 859.3	4 733.4	5 414.5	6 112.9	6 716.7	7 392.1

4.1.7 政府投资农业公共基础设施情况

许多发达资本主义国家或地区，像美国、加拿大、日本和欧盟等为了维持农业一定的规模，以保证粮食安全和农民利益，都已实行工业反哺农业、国家财政保证农村公共产品供给的政策，特别是在农村基础设施建设和农村社会保障方面进行了大量投资。

但是，长期以来，我国农业投入严重不足，资金投入偏重大江大河治理，直接用于改善农业生产条件和农民生活条件的基础设施的投资比例偏小，农业已成为国民经济发展的"软肋"。我国国内支持水平在数量、结构、对象和方式等方面与许多国家有较大的差距。而且，我国农业投资不稳，结构不尽合理。"一五"到"九五"期间，农业支出占国家财政总支出的比重，最高达17%，最低仅为3.4%；农业基建投资占国家基建总投资的比重最高达18.8%，最低为5.8%。2016年，在全社会固定资产投资中，按主要行业划分，农林牧渔业所占比重仅为4.09%，水利、环境和公共设施管理业所占份额才为11.32%，两者合计的比重只有15.41%，详见表4-10。这与农业在整个国民经济中的地位和作用不相适应。从表4-10中的数据也可以看出中国在农业方面的投资情况。

表4-10 按主要行业分的全社会固定资产投资及农林牧渔等投资

年份	合计/亿元	农林牧渔业/亿元	农林牧渔业所占比重/%	水利、环境和公共设施管理业/亿元	水利、环境和公共设施管理业所占比重/%	合计所占比重/%
2003	55 566.6	1 652.3	2.97	4 365.8	7.86	10.83
2004	70 477.4	1 890.7	2.68	5 071.7	7.20	9.88
2005	88 773.6	2 323.7	2.62	6 274.3	7.07	9.69
2006	109 998.2	2 749.9	2.50	8 152.7	7.41	9.91
2007	137 323.9	3 403.5	2.48	10 154.3	7.39	9.87
2008	172 828.4	5 064.5	2.93	13 534.3	7.83	10.76

续表

年份	合计/亿元	农林牧渔业/亿元	农林牧渔业所占比重/%	水利、环境和公共设施管理业/亿元	水利、环境和公共设施管理业所占比重/%	合计所占比重/%
2009	224 598.8	6 894.9	3.07	19 874.4	8.85	11.92
2010	278 121.9	7 923.1	2.85	24 827.6	8.93	11.78
2011	311 485.1	8 757.8	2.81	24 523.1	7.87	10.68
2012	374 694.7	10 996.4	2.93	29 621.6	7.91	10.84
2013	446 294.1	13 478.8	3.02	37 663.9	8.44	11.46
2014	512 020.7	16 573.8	3.24	46 225.0	9.02	12.26
2015	561 999.8	21 042.7	3.74	55 679.6	9.91	13.65
2016	606 465.7	24 853.1	4.09	68 647.6	11.32	15.41

注：固定投资中不含农户

长期的"以农补工"使我国农业基础设施严重不足。2017年全年全社会固定资产投资641 238亿元，其中固定资产投资（不含农户）631 684亿元，增长7.2%，在固定资产投资（不含农户）中，第一产业投资20 892亿元，比上年增长11.8%，但仅占全部固定资产投资的3.3%；第二产业投资235 751亿元，增长3.2%，占固定资产投资的37.3%；第三产业投资375 040亿元，增长9.5%，占固定资产投资的59.4%；基础设施投资140 005亿元，增长19.0%，占固定资产投资（不含农户）的比重为22.2%[1]。

由以上可以看出，由于国家对农业方面的投资一直都相对不足，所以农村公共基础设施落后的状况无法得到根本的改善。而且改革开放后，随着集体经济形式的彻底解体，农民对公共基础设施出现了滥用的情况，使其一直处在超标准的运行状态，导致其遭到相当程度的破坏，如农田水利设施年久失修、道路桥梁无人问津、大型农业机械肢解破碎等[2]。虽然近年来国家加大了投资力度，但是由于历史欠账太多，在取得巨大成绩的同时，依然存在水库病险严重、堤坝防洪标准偏低、防汛技术力量薄弱、防汛手段相对落后等问题，一旦发生自然风险，农民将由于缺少基础设施的保护而遭受重大损失，影响了我国农业风险防范体系的长久发展。

4.1.8 农业发展方式及农业生态环境变化趋势

历史上人与自然和谐共存，农民通过追加农家肥、草木灰等来保持土地可持续的肥力。但从20世纪80年代起，我国农村就普遍开始采用依靠化肥、农药大量

---

[1] 中国国家统计局.《中华人民共和国2017年国民经济和社会发展统计公报》.
[2] 王永莲.我国农村公共产品供给机制研究[D].西安：西北大学，2009.

投入的无机耕作技术,这对提高粮食产量、缓解粮食与人口的矛盾发挥了很大的作用。但这种技术也带来了新的环境问题,例如,地方政府强力推广的新品种农作物不仅没有增加农民的收入,反而因为过度使用化肥、农药、除草剂等,污染了水源和土壤;而且使农业成本越来越高,农产品品质越来越受到市场的"冷落",因而目前农业的经济效益与生态效益都比较低下。

而且,农药在使用过程中直接杀伤生物群体,影响生态系统。生物长期生活在含有农药的环境中,农药在生物体内积累,并经过食物链逐级传递,对生态系统构成威胁,破坏生态平衡。农药的大量使用必然杀死大量害虫天敌,并导致害虫抗药性增强,迫使农民不断加大用药,逐步形成恶性循环,严重污染生态环境,使自然生态平衡遭到破坏。

此外,化肥对水体、土壤、环境的影响直接危害作物。长期和大量施用主要由盐类组成的肥料,会增加土壤溶液的浓度,进而产生不同大小的渗透压,作物根细胞不但不能从土壤溶液中吸收水分,反而将细胞质中的水分倒流入土壤溶液,导致作物受害。同时,水体生态也遭到破坏,受污染的河川、湖泊、海洋水体中氮、磷的含量增加,富营养化使藻类及其他浮游生物迅速繁殖,水体溶解氧量下降,鱼类及其他生物大量死亡。长期过量施用化肥,还会增加土壤重金属与有毒元素,导致土壤硝酸盐积累,促进土壤酸化,破坏土壤结构,降低土壤微生物活动,造成土地板结,加快土地盐碱化,使土壤物理性质恶化。还有相当数量的化肥和在土壤微生物作用下产生的化合物直接挥发进入大气,大气中氮氧化物含量增加,又污染了大气环境。化肥中还含有其他一些杂质,也可造成环境污染。

农药、化肥在现代农业生产中广泛大量的使用,已经造成了全球性的环境污染和生态平衡破坏,更为严重的是对农业生产者和消费者的健康和生存安全带来巨大的伤害和威胁[1]。

4.2 我国农业风险现状

农业是国民经济的基础,受多种农业风险制约,是一个具有高风险的弱质产业,效益比较低下。农业生产的自然再生产和经济再生产交织的特殊性,使得在生态环境急剧恶化、全球经济高速发展的今天,农业风险出现了来源广泛、损失严重、预防困难、成本高昂、影响深远等多种新特点。在市场发育程度低下的情况下,农业最主要的自然风险更加显著,市场、价格等经济风险以及政策、制度等社会风险和技术风险等也越来越严重。

---

[1] 鲁静芳,左停,苟天来.中国农业发展的现状、挑战与展望[J].世界农业,2008(6):17—19.

4.2.1 农业自然风险不断明显化，损失越加严重

农业是提供动植物原料以取得产品的产业，生产周期长，不确定因素多。农业的发展离不开自然界，容易受多种自然因素的影响。特别是我国地域辽阔，地理环境和气候千差万别，自然灾害不仅具有种类多、频率高、强度大等特点，而且具有时空分布广、地域组合明显、受损面广、损害严重等特征，导致农业风险更加复杂。农业自然风险主要来自自然界与农业生产周期相关的灾害性因素，如地震、干旱、洪涝、冰雹、病虫害、台风、火灾等。就自然灾害来说，我国可以说是世界上农业自然灾害较严重的国家之一。我国广大农村，自然灾害频繁发生，种类多，受灾面积广，成灾比例高[1]。在五千多年的农耕文明史中，农业生产遭受了各种各样的自然灾害的侵袭，古有"三岁一饥，六岁一衰，十二岁一荒"之说。据史料记载，自公元前206年至1949年的2 155年中，我国共发生较大的水灾1 030次，旱灾1 060次（赵济等，1995），一般的水旱灾害几乎每年都发生。据有关史料记载，历史上各个朝代每年平均遭受旱涝灾害的频数为：隋朝0.6次、唐朝1.6次、两宋1.8次、元朝3.2次、明朝3.7次、清朝3.8次，呈明显的上升趋势（中国科学报社编，1990）。

中华人民共和国成立后，我国农业自然灾害依然不断加剧，而且发生频率也呈加快上升趋势，给农业乃至整个社会造成的经济损失也越来越严重。据统计，1949年以来，仅旱涝灾害，我国年均农作物受灾面积3亿~6亿亩，其中成灾面积1.3亿~3亿亩，年均因灾减产粮食25亿~400亿千克；此外，冰雹、赤潮、滑坡、酸雨、病虫害等自然灾害造成的农业经济损失也相当严重；我国年均因各种自然灾害造成的农业直接经济损失为400亿~600亿元，受灾影响的人口达2亿人以上[2]。表4-11、图4-7为1978—2009年全国受灾面积和成灾面积情况；表4-12为2010—2015年全国农作物受灾及绝收、旱灾受灾及绝收情况；图4-8为1978—2015年我国农业自然灾害情况；表4-13为2010—2015年全国自然灾害损失详细情况。通过这些图、表的数据资料，可以清楚地看到我国农业自然灾害及其造成的损失的详细情况。

表4-11 1978—2009年全国受灾面积和成灾面积   单位：千公顷

年份	受灾面积	成灾面积	成灾面积占受灾面积比重/%	水灾		旱灾	
				受灾面积	成灾面积	受灾面积	成灾面积
1978	50 807	24 457	48.1	3 109	2012	32 641	16 564
1980	50 025	29 777	59.5	9 687	6 070	21901	14 174

---

[1] 庹国柱，李军. 农业保险[M]. 北京：中国人民大学出版社，2005.
[2] 任廷旭. 农业保险：现实与选择[J]. 农村财政与财务，2002(2)：2—3.

续表

年份	受灾面积	成灾面积	成灾面积占受灾面积比重/%	水灾		旱灾	
				受灾面积	成灾面积	受灾面积	成灾面积
1985	44 365	22 705	51.2	14 197	8 949	22 989	10 063
1990	38 474	17 819	46.3	11 804	5 605	18 175	7 805
1991	55 472	27 814	50.1	24 596	14 614	24 914	10 559
1992	51 332	25 893	50.4	9 422	4 463	32 981	17 047
1993	48 827	23 134	47.4	16 390	8 608	21 097	8 656
1994	55 046	31 382	57.0	17 328	10 744	30 423	17 050
1995	45 824	22 268	48.6	12 734	7 604	23 455	10 402
1996	46 991	21 234	45.2	18 147	10 855	20 152	6 247
1997	53 427	30 307	56.7	11 415	5 839	33 516	20 012
1998	50 145	25 181	50.2	22 292	13 785	14 236	5 060
1999	49 980	26 734	53.5	9 020	5 071	30 156	16 614
2000	54 688	34 374	62.9	7 323	4 321	40 541	26 784
2001	52 215	31 793	60.9	6 042	3 614	38 472	23 698
2002	46 946	27 160	57.9	12 288	7 388	22 124	13 174
2003	54 506	32 516	59.7	19 208	12 289	24 852	14 470
2004	37 106	16 297	43.9	7 314	3 747	17 253	8 482
2005	38 818	19 966	51.4	10 932	6 047	16 028	8 479
2006	41 091	24 632	59.9	8 003	4 569	20 738	13 411
2007	48 992	25 064	51.2	10 463	5 105	29 386	16 170
2008	39 990	22 283	55.7	6 477	3 656	12 137	6 798
2009	47 214	21 234	45.0	7 613	3 162	29 259	13 197

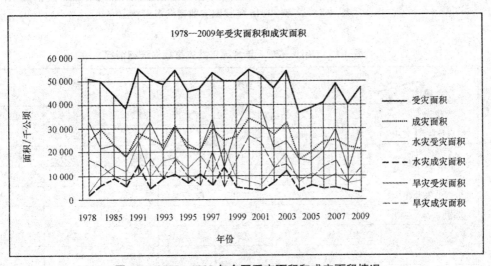

图4-7 1978—2009年全国受灾面积和成灾面积情况

表 4-12　2010—2015 年全国农作物受灾及绝收、旱灾受灾及绝收情况

单位：千公顷

年份	农作物受灾面积合计		旱灾	
	受灾	绝收	旱灾受灾	绝收
2010	37 425.9	4 863.2	13 258.6	2 672.3
2011	32 470.5	2 891.7	16 304.2	1 505.4
2012	24 962.0	1 826.3	9 339.8	374.0
2013	31 349.8	3 844.4	14 100.4	1 416.1
2014	24 890.7	3 090.3	12 271.7	1 484.7
2015	21 769.8	2 232.7	10 609.7	1 046.1

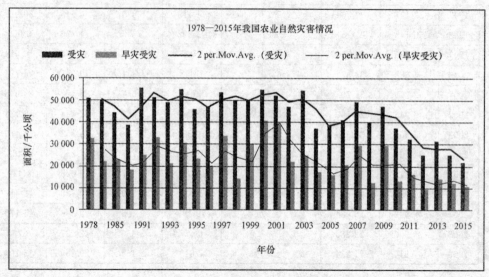

图 4-8　1978—2015 年我国农业自然灾害情况

表 4-13　2010—2015 年全国自然灾害损失详细情况

年份 项目		2010	2011	2012	2013	2014	2015
农作物受灾面积合计/千公顷	受灾	37 425.9	32 470.5	24 962.0	31 349.8	24 890.7	21 769.8
	绝收	4 863.2	2 891.7	1 826.3	3 844.4	3 090.3	2 232.7
旱灾/千公顷	受灾	13 258.6	16 304.2	9 339.8	14 100.4	12 271.7	10 609.7
	绝收	2 672.3	1 505.4	374.0	1 416.1	1 484.7	1 046.1
洪涝、山体滑坡、泥石流和台风/千公顷	受灾	17 524.6	8 409.9	11 220.4	11 426.9	7 222.2	7 341.3
	绝收	1 657.5	872.8	1 095.3	1 828.9	976.9	841.0
风雹灾害/千公顷	受灾	2 180.1	3 309.3	2 780.8	3 387.3	3 225.4	2 918.0
	绝收	280.3	302.4	213.4	412.4	457.7	309.1

续表

年份 项目		2010	2011	2012	2013	2014	2015
低温冷冻和雪灾/千公顷	受灾	4 120.7	4 447.1	1 617.8	2 320.1	2 132.5	900.3
	绝收	240.7	211.1	142.9	180.7	168.2	36.5
人口受灾	受灾人口/万人次	42 610.2	43 290.0	29 421.7	38 818.7	24 353.7	18 620.3
	死亡人口/人（含失踪）	6 541	1 014	1 530	2 284	1 818.0	967
直接经济损失/亿元		5 339.9	3 096.4	4 185.5	5 808.4	3 373.8	2 704.1

2016年，经民政部等部门联合核定[1]，我国自然灾害以洪涝、台风、风雹和地质灾害为主，旱灾、地震、低温冷冻、雪灾和森林火灾等灾害也均有不同程度发生。各类自然灾害共造成全国近1.9亿人次受灾，1 432人因灾死亡，274人失踪，1 608人因灾住院治疗，910.1万人次紧急转移安置，353.8万人次需紧急生活救助；52.1万间房屋倒塌，334万间不同程度损坏；农作物受灾面积2 622万公顷，其中绝收290万公顷；直接经济损失5 032.9亿元，其中，因洪涝和地质灾害造成直接经济损失3 134亿元，因旱灾造成直接经济损失418亿元，因低温冷冻和雪灾造成直接经济损失179亿元，因海洋灾害造成直接经济损失50亿元；全年大陆地区共发生5.0级以上地震18次，成灾16次，造成直接经济损失67亿元；全年共发生森林火灾2 034起，森林火灾受害森林面积0.6万公顷。截止到2017年7月，我国各地都已经出现了严重的旱情、水灾，尤其是7月席卷西北、华北等地的持续高温造成的严重干旱以及东北、南方各地的严重水灾。每一次自然灾害或意外事故的发生，都给国民的生命财产造成巨大损失，严重地影响农村经济的稳步增长和人民生活的安定。为了防范农业风险、实现灾后农业生产的迅速恢复，客观上要求建立新型的农业风险多层次应对模式。

4.2.2 其他农业风险日趋复杂，影响逐步增大

1978年以来，我国开始由计划经济体制向市场经济体制转型。经济体制的转型，在促进农业和农村经济发展的同时，也将农业置于前所未有的农业风险不确定性之中，使农业不得不面临更多风险的困扰，其中来自市场经济中各种不确定因素的变化导致的市场风险尤为突出。此外，制度风险、政策风险、管理风险、技术风险、环境风险、资源风险等也十分明显。而且这些不同类型的风险相互交织、共同作用，使农业生产发展面临更大的不稳定性，也使经济转型期的农业风

---

[1] 民政部国家减灾办.2016年全国自然灾害基本情况.中华人民共和国民政部门户网站.2017—01—13.

险更加趋于复杂化。在经济全球化和市场自由化趋势下，农业风险的种类越来越多，风险发生的可能性越来越大，风险的危害性不断强化和升级，风险的不可控性也变得更强。

农业生产的周期较长，导致市场调节的滞后性，使农产品的价格易发生较大的变动。计划经济时期，我国实行统购统销以及严格的价格管制等制度安排，农业的市场风险表现得并不明显。但改革开放以来，随着市场化进程的加快、农产品流通体制的改革、价格管制的逐步放开以及世界市场的影响，农产品价格波动幅度和频率都在增强，且周期性波动特征也越来越明显，农业市场风险愈加复杂，影响日趋上升。尤其从1978年开始，我国农产品购销价格逐步放开，农产品价格大起大落明显，相应地，农产品生产经营者面临的价格风险在不断增加。20世纪90年代初期，变动尤为突出。进入21世纪，变动仍然显著，如近些年玉米、猪肉、水果、蔬菜等农产品价格波动都非常明显，而且具有一定的周期性特征。另外，我国加入WTO后，国内农产品市场逐步与国际农产品市场接轨，国际农产品价格波动也通过传导效应影响国内农产品价格。尤其是对于我国大量进口的农产品而言，传导效应更为明显，例如大豆。我国农业政策必将更多地向WTO主流政策靠拢，以符合国际规范，政策的变动将使农业生产经营面临更大的风险和挑战。

此外，农业生产成本的不断上涨也给农业生产带来越来越大的风险。化肥、农药、种子、农膜等生产资料价格不断上涨，农产品的生产成本就会不断增加。从1984年开始，我国农业生产资料的价格整体趋势基本是连年上涨。虽然从2006年开始，我国出台了良种、化肥等各种农业补贴政策，但还是赶不上农资价格的上涨速度。另外，随着农业经营结构的调整，农业生产成本大幅度提高，也增加了现代农业的经营风险。改革开放以来，我国农业风险中价格风险和成本风险的影响已经越来越大，甚至已经超过了自然风险。

长期以来，多种原因造成一些农产品的价格大起大落，对生产者和消费者造成了诸多不利影响。在市场经济条件下，增产不一定增收。近年来，"猪贱伤农""牛贱伤农""果贱伤农""菜贱伤农"等现象都不断出现。一些传统名贵水果，也出现过由于种植面积过大且大部分集中成熟上市，而市场价格大跌的情况，一些种植户刨树毁园，造成很大的经济损失。事实说明，近年来，农产品价格的波动已成为影响农民收入，乃至影响其种粮、养殖积极性的主要风险。今后一定时期内，农产品产销方面"小生产"与"大市场"的矛盾仍将存在。应对农业风险，防止农产品价格的大起大落，既有利于生产者，也有利于消费者，还有利于社会稳定。

在当前，农业技术在现代农业发展中的作用越来越重要，但是由于我国农村的现状，推广农业新技术也存在一定的风险。农业的技术风险是指由于某些技术因素，如农业科学技术的发展和提高、农业科技成果的推广和应用、农产品品种的改良等，给我国农业生产造成损失的可能性。我国是一个人口多、耕地少的国家，要保证农产品总量的有效供给，必须立足于农业的科技进步，新的适用技术的采用和由此带来的技术进步应成为克服资源约束、促进农业发展的最有效的方式之一。但是，由于我国农村居民文化水平低下、综合素质不高，随着大量农业高新技术的采用和推广，在当前农业供给侧结构性改革的大潮流下，农业的技术风险将会迎来大幅扩散和高发的态势。

4.2.3 农业风险防范的低效与缺位

与农业风险的复杂性、明显性与不确定性等形成鲜明对比的是，我国农业风险规避的主体——农民个人、保险公司和政府，在农业风险应对中一直处于低效或缺位状态。

首先，我国农民不具备独立应对农业风险的能力。对于农民来说，作为农业风险损失最直接的受害者，本应该是最有动力防范农业风险的主体。但是，事实正好相反。在我国，由于农民利益集团缺失、农民收入有限、自身素质低下等，小规模的家庭经营方式、低下的自我保障能力、分散的生产与消费方式、不完全和不对称的市场信息等构成了农民的特殊性，这就决定了农民这一弱势群体是最没有能力去独自应对农业风险损失的。然而，现实中处于风险旋涡中的农民，却只能在有限的非正规风险规避机制（事前机制和事后机制）下，寻求最大可能的自我保障，或者针对日益显化的风险做出最大的自我忍耐。

其次，保险公司缺乏开发农业保险的积极性。随着农业供给侧结构性改革的不断深入，我国已经开始逐步发挥保险市场、期货市场的作用，有效管理农业市场风险。目前，我国基本形成了以国有综合性财产保险公司和专业性农业保险公司为主体，以互助农业保险公司和中外合资保险公司为补充的农业保险供给组织体系；以产量保险为主，以目标价格保险和收入保险为辅的农业保险产品体系；以保费补贴为主，以再保险为辅的农业保险支持体系。但是，目前保险公司供给的农险产品仍严重依赖产量保险，目标价格保险和收入保险还在试点阶段。反观美国，收入保险已经占其农业保险市场份额的90%以上。

财政补贴是我国农业保险制度的主要支撑。目前，我国有中央和地方共同补贴的政策性农业保险，以及地方补贴的政策性保险。据中国保监会副主席陈文辉介绍，2015年农业保险承保农作物14.5亿亩，占全国播种面积的59%，三大主粮作物平均承保覆盖率超过70%，已接近发达国家水平。农业保险提供风险保障1.96万亿元，约占农业生产总值的32.3%，农业保险赔款支出260.1亿元，约占农作物直接经济损失的9.6%，是国家农业灾害救助资金的7倍。2016年，我国农业保险原保险保费收入为417.71亿元，同比增长11.42%，参保农民2.04亿户次，提供风险保障2.16万亿元；2016年，我国中央财政拨付的农业保险保费补贴资金达158.30亿元，同比增长7.47%，是2007年的7倍多[①]。

---

① 吴本健，马九杰. 以政策性农业保险促进农民脱贫增收[N]. 光明日报，2017-07-18(11).

虽然总体来看，我国农业保险承保作物、保费收入、赔付支出和补贴资金均呈逐年增长趋势，我国农业保险已经取得了一定的成绩，但从表 4-14 和图 4-9、图 4-10 中我国财产保险公司农业保险的保费及赔付情况不难看出，农业保险占财产保险公司的比重依然很低，甚至低到几乎可以忽略不计；与同期人寿保险公司保费和赔款及给付情况对比，也远远不可等量齐观。

表 4-14　保险公司业务经济技术指标　　　　　　　　　　　　单位：亿元

项目	2012 年		2013 年		2014 年		2015 年		2016 年	
	保费	赔款及给付	保费	赔款及给付	保费	赔款及给付	保费	赔款及给付	保费	赔款及给付
合计	15 487.9	4 716.3	17 222.2	6 212.9	20 234.8	7 216.2	24 282.5	8 674.1	30 959.0	10 513.0
财产保险公司	5 529.9	2 896.9	6 481.2	3 556.2	7 544.4	3 968.3	8 423.3	4 448.3	8 725.0	4 726.0
农业保险	240.6	131.3	306.6	194.9	325.8	205.8	374.9	237.1	417.7	299.2
人寿保险公司	9 958.1	1 819.4	10 741.1	2 656.7	12 690.4	3 247.9	15 859.3	4 225.8	17 442.0	4 603.0

注：1. 本表人寿保险公司中包括中华控股寿险业务。
　　2. 2016 年数据来自《中华人民共和国 2016 年国民经济和社会发展统计公报》。

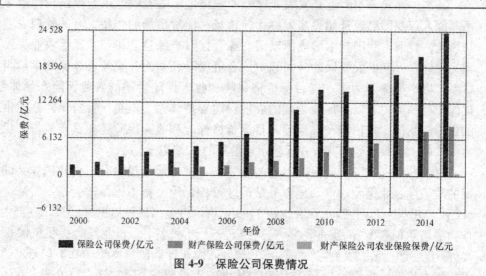

图 4-9　保险公司保费情况

虽然农业保险是利用现代风险管理理论和技术管理农业风险的重要手段，但因为其天然的高风险、高费率等特点，保险公司——作为经济学假设上的理性的"经济人"——追求利润最大化的经营目标决定了其在没有外在激励（政策和财政支持）的情况下，是不会主动伸出"友善之手"为农民分担农业风险损失的。从供给方面来看，由于农业保险风险大、技术复杂、容易出现"道德风险"和"逆向选择"，

第4章 我国农业发展与农业风险现状

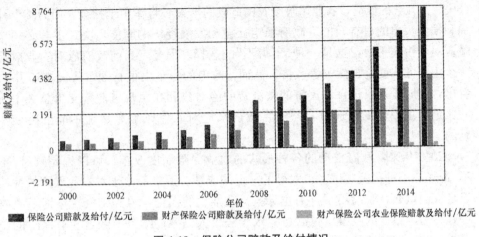

图 4-10 保险公司赔款及给付情况

商业保险企业在农业保险业务的开展上积极性不高,而且不会积极开发适合农民的保险商品。即便在外在行政压力下,保险公司违背自己的意愿介入农业风险防范领域,也会因交易过程中费用过高而丧失经营的积极性,进而出现农业保险供给不足的局面。同时,农业保险具有准公共物品性和正外部性特征,决定了其经营和运作都离不开政府的支持,保险公司为了尽可能地减少自身的利益损失,也会尽可能多地向施加外在压力的政府寻求庇护或利益补贴。然而,我国的现实农情决定了,无论是农民还是政府,都不可能提供足够的"激励"来促使作为理性"经济人"存在的保险公司积极介入农业风险防范。而且,即便是提供的"激励"能够使保险公司介入,也未必就一定能够满足农民个人的风险规避需求。

农业保险对保险业或者财政部门来说有点像"鸡肋",政府出钱或商业保险公司出力都不一定能取得良好的效果。因此,在两个理性的"经济人"(农民和保险公司)之间达成某种利益取向的平衡是艰难的,尤其是当这两个"经济人"的地位和信息不对称的时候。这也是作为农业风险防范的农业保险,在20多年的发展中一直在低水平均衡中运行,难有起色的原因。许多商业保险公司不愿意开发农业保险,原因主要在于农业生产所面临的风险,特别是气象灾害风险具有高度关联性,损失集中、赔付率高,作为自主经营、自负盈亏的经济主体,在没有外部支持的情况下,商业保险公司必然缺乏积极性。目前,农业保险的品种以及技术水平也并不成熟。农业保险的品种复杂和技术性强的特点又决定了农业保险需要长时间的摸索和培养。所以,从深层次来看,我国农业保险在技术上的落后和不成熟、国内农业保险体系的不完整以及与国际农业再保险难以接轨是农业保险发展缓慢的根本原因。

最后,政府在农业风险应对中的"缺位"。对于政府来说,农业和农业保险本身具有公共产品的正外部性,这决定了它是农业风险损失的最终承受者。农民是国家的公民、是社会的成员，农业风险给农民造成的损失必将作用于社会，而为整个社会福利损失买单的只有政府。政府稳定社会和发展经济的职能，决定了其必须在风险应对中扮演主角，这是一种"不得不"的选择。但是，当前政府应对农业风险的一个主要方式就是自然灾害救济，然而，政府的力量也很有限，从表4-15中可以看出，政府投入农村自然灾害的救济费的绝对数和在民政事业费支出总额中所占的比重都是极低的，通过自然灾害救济来应对农业风险显然是不能解决根本问题的。

20多年来，政府推动的各种形式的农业保险制度改革，可以说是政府"不得不"选择的一种积极尝试，也取得了一定的成绩。但是，由于对农业保险的性质缺乏足够的认知，脱离不了外力主导、行政推动的惯性，再加上资源束缚下政府的偏好行为，错误的政策定位必将导致无法令人满意的结果：经营农业保险的公司亏损、政府财政的负担加重、农民不愿参加农业保险等。因此，每次都有着良好的初衷，却没有令人满意的结果，最终大都"虎头蛇尾"，甚至"新瓶装旧酒"，难以摆脱伤筋不动骨的"改良"治标老路。任何一个负责任的政府都不会对这种具有很强外溢性的农业风险应对漠然视之。多年来的不断失败、不断改革，既说明了这种有效风险应对机制寻求的艰难，也从另一个层面说明了政府介入的必要性。

表4-15 农村社会救济费和自然灾害救济费

指标	1995年	2000年	2010年	2012年	2013年	2014年
一、农村社会救济费/亿元	3.04	8.73	663.13	995.83	1 069.27	1 092.38
二、自然灾害救济费/亿元	23.48	35.19	237.18	163.38	178.70	124.44
其中：生活救济费/亿元	17.06	27.48	88.91	93.18	100.94	72.68
灾民抢救转移安置费/亿元	1.85	3.06	16.62	10.98	11.01	8.24
救灾储备/亿元	2.27	0.97	13.19	6.80	10.47	8.10
灾后重建补助/亿元			109.62	42.94	43.62	25.23
三、占民政事业费支出总额比重/%						
农村社会救济费/%	2.9	3.8	24.6	27.0	25.0	24.8
自然灾害救济费/%	22.7	15.3	8.8	4.4	4.2	2.3

注：1. 农村社会救济费包括农村低保、其他农村社会救济和农村医疗补助费用。
2. 资料来源《中国农村统计年鉴2015》。

总之，伴随着我国经济体制的转型，我们在促进农业和农村经济发展的同时，也将农业置于前所未有的风险不确定性之中。农业不得不面临更多风险的困扰，其中市场风险尤为突出，社会风险发生的可能性也越来越大，技术风险危害不断强化和升级，农业风险更趋于明显化和复杂化，为学术界和决策层提出了一个重要的命题，应对农业风险的多层次研究势在必行。

第5章 我国农民非正规风险规避行为分析

5.1 农民应对农业风险的反应类型分析

5.1.1 风险偏好及风险反应概述

风险偏好是指为了实现目标,企业或个体投资者在承担风险的种类、大小等方面的基本态度。风险偏好简单说就是人对风险的态度,是对一项风险事件的容忍程度。风险就是一种不确定性,投资实体面对这种不确定性所表现出的态度、倾向便是其风险偏好的具体体现。风险偏好的概念是建立在风险容忍度概念基础上的。风险容忍度是指投资实体对相关目标实现过程中所出现差异的可容忍限度。

不同的行为者对风险的态度是存在差异的,一部分人可能喜欢大得大失的刺激,另一部分人则可能更愿意"求稳"。根据风险理论,行为者对风险的态度可以划分为三类:风险回避者(风险厌恶者)、风险追求者(风险喜好者)和风险中立者(风险中性者)。对这三类风险态度的判断标准如下:假定消费者在无风险的情况下所能获得的确定性收入与他在有风险的情况下能够获得的期望收入值相等,如果消费者对确定性收入的偏好大于有风险条件下期望收入的偏好,那么该消费者是风险回避者;如果消费者对确定性收入的偏好小于有风险条件下期望收入的偏好,那么该消费者是风险追求者;如果消费者对确定性收入的偏好等于有风险条件下期望收入的偏好,那么该消费者是风险中立者。风险回避者选择资产的态度是:当预期收益率相同时,偏好于具有低风险的资产;而对于具有同样风险的资产,则钟情于具有高预期收益率的资产。与风险回避者相反,风险追求者通常主动追求风险,喜欢收益的动荡胜于收益的稳定,他们选择资产的原则是:当预期收益相同时,选择风险大的,因为这会给他们带来更大的效用。风险中立者通常既不回避风险,也不主动追求风险,他们选择资产的唯一标准是预期收益的大小,而不管风险状况如何。人的风险偏好和他的财富、教育、性别、年龄、婚姻等因素有关。

5.1.2 我国农民面对农业风险的反应类型

在我国，由于农民的收入、受教育程度、年龄、性别、个性、地位、对风险的了解程度、个人心理素质及行为偏好等不同，他们对农业风险所持的态度迥然不同。这种差异主要表现在他们对风险的偏好，即对风险的反应上。风险应对是指在确定了决策主体经营活动中存在的风险，并分析出风险概率及风险影响程度的基础上，根据风险性质和决策主体对风险的承受能力而制定的回避、承受、降低或者分担风险等相应防范计划[1]。一般而言，农民面对农业风险的反应主要有以下三种类型[2]：

第一种，风险中庸型（风险中性）。他们对农业风险的偏好适中。其货币值效用函数曲线 L_1 是一条直线，如图 5-1 所示，$U(r)=br+d$，b，$d \subset R_1$ 且 $b>0$。其中，r 是损失，$U(r)(r>0)$ 是 r 的效用函数，随着 r 的增大，效用函数值也随之增加，即效用函数的边际效用为非负：$U'(r) \geqslant 0$。$U'(r)=b$，即这种类型的决策者的货币边际效用恒为一常数。

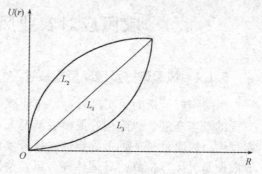

图 5-1 货币值效用函数曲线

第二种，风险厌恶型。风险厌恶是一个人在承受风险情况下其偏好的特征，可以用它来测量人们为降低所面临的风险而进行支付的意愿。在降低风险的成本与收益的权衡过程中，风险厌恶者在相同的成本下更倾向于做出低风险的选择。例如，如果通常情况下你情愿在一项投资上接受一个较低的预期回报率，因为这一回报率具有更高的可测性，你就是风险厌恶者[3]。当对具有相同的预期回报率的投资项目进行选择时，风险厌恶者一般选择风险最低的项目。风险厌恶者也称低度冒险者，他们对风险的偏好较低。其货币值效用函数曲线是 L_2，如图 5-1 所示，那么 $U'(r) \geqslant 0$，$U''(r) \leqslant 0$，说明这种类型决策者的货币边际效用是随 r 的渐增而递减的。因此，他们对待风险的态度属于厌恶型。他们对风险是否发生常持悲观态度，极为保守，会尽量回避风险。

第三种，风险爱好型，也称高度冒险者。他们对风险的偏好较高。其货币值效用函数曲线是一条下凸曲线 L_3，如图 5-1 所示，即 $U'(r) \geqslant 0$，$U''(r) \geqslant 0$，说明这种类型的决策者的货币边际效用是随 r 的渐增而递增的。因此，他们对待风险的

---

[1] 360 百科. http://baike.so.com/doc/1614894-1707159.html

[2] 蔡明超，杨朝军. 风险价值系统计算方法及其有效性分析[J]. 宁夏大学学报（自然科学版），2002，23(1)：15—18.

[3] 360 百科. https://baike.so.com/doc/7712264-7986359.html

态度属于爱好型。他们对风险是否发生常持乐观态度，极富冒险精神，会积极地应对风险，并想方设法从风险中追求可能的收益。持有这种态度的农民一般具有经济基础好、受教育程度较高等特点，显然，我国具有这种特点的农民是少之又少了。

我国广大农民受教育程度低，加之独特的自然农村文化，农民受传统农业经营思想影响较深，这些决定了农民对待风险的态度以第一种和第二种居多。李学荣和张利国(2017)在他们对江西、安徽、河南及江苏4个省份部分县、乡抽取的部分农户的调查中发现，风险厌恶型的农户占77.4%，风险爱好型的农户仅占22.6%[①]。特别是有些偏远山区或落后地区的农民还抱有祖祖辈辈靠天吃饭的思想，更不可能去积极应对风险了。在现实中，农民主要还是靠传统渠道来规避或分散农业风险，这些渠道其实也有很多，例如，乡邻借贷、差异化种植等。这就为我国农民使用非正规风险规避机制应对农业风险埋下了伏笔。那么，我国农民使用非正规风险规避机制的原因主要是什么呢？

5.2 农民使用非正规风险规避机制的原因分析

5.2.1 农村的传统社会文化背景

传统中国社会是一个典型的农业社会，传统的农业生产方式和占人口绝大多数的农业人口造就了其"乡土"特征。乡土社会具有土地依赖、聚村而居和家族归属三个显著特点。村民之间互相熟识，形成了一个"熟人社会"，村庄内居民的社会行动更多地受当地长期形成的村规民约、习惯习俗等支配。由于村民之间互相熟识，并因生产、安全、情感等需要相互依赖，从而形成村庄的"礼治秩序"和村民的"乡土意识"，"礼治秩序"所展示的就是文化传统和非正式制度的巨大力量。费孝通在《乡土中国》中认为中国传统社会"可以说是个'无法'的社会"，是一个"礼治"的社会。这里的"礼"就是一种长期的文化积淀所形成的区域亚文化及其制度表现形式——非正式制度。

随着经济社会的全面发展和物质生活水平的提升，以及改革开放、市场经济的发展，我国城乡居民生活从温饱步入总体小康，农村社会经济成分、农民内部阶层分化也日益多样化。社会学家借用地质学上的"分层"概念来分析社会结构，提出了"社会分层"这一社会学概念。我国农村的社会阶层主要呈现以下几种状况：一是在农村中单纯依靠土地，以种植业为生，以农业劳动和农业收入为主的农业

---

① 李学荣，张利国. 非正式制度对农户道德风险行为影响的实证分析——基于389户农户的调查[J]. 农林经济管理学报，2017，16(3)：334-342.

劳动者组成的群体。这个阶层在农村阶层中仍占最大比例,其收入相对较低,思想认识也相对比较落后。二是具有一定专门技能,从事农村教育、科技、文化、医疗卫生等智力型职业的知识分子阶层。这个阶层人数很少,例如乡村老师、乡村医生、村委会的一些干部等,他们收入相对多元化,基本处于中等水平,思想认识也相对较高。三是通过各种方式(含非正当手段)致富,并获取了较高的收入和财富的少部分农民。这部分农民导致了农村阶层间贫富差距变大,矛盾增加,在一定程度上影响了乡村社会的稳定发展。

此外,近十几年来,还产生了一个较为庞大的农民工群体。他们从农村流向城镇,从事非农产业。但是,他们收入不高,生活环境比较恶劣,处于城市的边缘,社会地位、生活方式等都具有双重性特征,在思想、消费、生活等方面,既具有农村人的一些思维,又具有城市人的一些处事方式。

以上这些农村社会阶层状况导致农民的思想观念、道德意识、价值取向开始发生变化,艰苦奋斗精神、勤劳致富思想、守法经营的美德和体现"真善美"的做人准则有所弱化,而拜金主义、享乐主义、极端个人主义、重利轻义等思想逐渐滋生,集体主义、尊老爱幼、诚实守信等民族传统美德受到了一定程度的冲击,社会风气令人担忧。目前,一些农民生活水平提高了,但由于受教育水平较低,文化程度不高,所以其缺乏健康的精神追求,混淆了传统美德和封建迷信的界限,相互攀比之风日益严重,有的地方红白喜事讲排场、大操大办,赌博吃喝等不良风气越来越严重,严重影响了农民消费和投资的方向。因此,对应对风险需要的投入也就没有很高的意愿,甚至会严重依赖外界如国家的补助、扶贫等政策,出现了"不以贫为耻,反以贫为荣"、争当贫困户来获取国家扶贫补助等现象。近年来,随着我国改革开放的不断深化和市场经济的日趋完善,农村发展"缺能力、缺技术、缺资金"、农民"文化水平低"的现状也越发明显,面对农业风险不积极采取现代方式应对,导致农业的发展面临困境。

5.2.2 农民较低的受教育水平

如前所述,目前我国农民受教育状况整体来说还处于较低的水平。从表4-6中可以看出我国农村居民家庭劳动力文化程度情况。2012年,我国农村居民家庭平均每百个劳动力中不识字或识字很少的为5.30个,比重约为5.3%,远高于同期全国平均文盲率(4.08%)。

农民的文化水平与经济发展水平也有一定的关系,相对来讲,西部地区发展落后于东部发达地区。从表5-1能够看出,在2008年时,陕西省农民除平均每百个劳动力中小学受教育人数27.44人,高于全国平均水平25.75人,其他都落后于全国平均水平,特别是高中、中专、大专及以上人数都明显低于全国平均水平。[①]

---

① 数据来源:《中国农村统计年鉴2008》。

这说明了陕西省农民接受教育程度的落后。

表 5-1 陕西省农民受教育情况比较表(2008 年) 单位:%

情况说明	不识字或识字很少	小学程度	中学程度	高中程度	中专程度	大专及以上
全国合计	6.34	25.75	52.91	11.01	2.54	1.45
陕西省	6.30	27.44	52.58	10.66	1.87	1.15

注:根据《中国农村统计年鉴2008》数据整理、计算所得

随着经济的发展,陕西省总体人口的受教育程度也发生了明显的好转。表 5-2 中显示了 6 岁及以上人口中,全国平均水平及陕西省居民受教育文化程度情况,可以看出陕西省所有居民平均受教育程度,大专及以上都高于全国平均水平,普通高中略高于全国平均水平,小学、初中和中职则低于全国平均水平。这跟陕西省目前高等教育院校数量众多有一定的关系,也说明了陕西省总体人口受教育程度略高于全国平均水平。在这种情况下,陕西省农村居民的受教育程度就显得更低了。

表 5-2 全国及陕西受教育程度人口对比(2015 年)

地区	6岁及以上/人	未上过学	小学	初中	普通高中	中职	大学专科	大学本科	研究生
全国/人	19 833 469	1 128 946	5 199 574	7 600 489	2 434 365	826 607	1 351 837	1 175 198	116 455
比重/%		5.69	26.22	38.32	12.27	4.17	6.82	5.93	0.59
陕西/人	549 196	29 519	126 830	207 427	70 284	17 697	43 218	45 804	8 419
比重/%		5.37	23.09	37.77	12.80	3.22	7.87	8.34	1.53
陕西/全国 /%	2.77	2.61	2.44	2.73	2.89	2.14	3.20	3.90	7.23

注:本表是 2015 年全国人口变动情况抽样调查样本数据,抽样比为 1.55‰

由于文化程度低下,农民就不容易选择正规的风险应对模式,比如广大农民会缺乏购买农业保险的意识。因为,几千年来"靠天吃饭"的传统思想已经根深蒂固。而且农民的文化水平有限,思想比较保守,防范意识、参保意识都很淡薄,侥幸心理比较严重,认为购买保险加重了经济负担,不能正确认识农业保险的作用,所以参保积极性差。此外,在原来计划经济体制下,政府以集体保障为核心,农民的生产劳动、防灾、抗灾都在政府的指导下完成,农民自然对政府产生了严重的依赖性,很难建立起自我保障的意识。

5.2.3 农民相对较低的实际收入

如前所述,改革开放以来,虽然我国农民绝对收入呈现不断增长的态势,

农村居民人均纯收入由1978年的133.6元上升到2015年的10 772元,但与城镇居民相比,实际收入增长相对缓慢。2016年城镇居民人均可支配收入33 616元,是农村居民人均可支配收入12 363元的2.72倍。收入低下,使农民在消费时更加谨慎,除了必要的支出外,会尽量减少其他支出,导致农民没有能力采取一些新的农业风险应对措施。而且农民受教育程度较低,接受新事物的能力和意愿不高,因此,就更加不敢采取自己不熟悉或不了解的风险应对模式。

由于以上原因的存在,我国农民大多选择了非正规风险规避机制来应对农业风险。农民应对农业风险的非正规风险规避机制可以分为事前应对行为和事后应对行为,事前应对行为主要包括多元化经营行为和采用保守生产技术进行生产防范风险;事后应对行为主要包括社会网络风险统筹行为和跨时期消费平滑行为。但无论是事前应对行为还是事后应对行为,都存在一定的缺陷,会影响粮食产量,造成效率损失,并使农民收入差距继续拉大。

5.3 农业风险发生前农民的事前应对行为——收入平滑

当严重的自然风险、经济风险、技术风险或社会风险等出现时,已有的研究发现,在发展中国家社会保障以及商业保险缺失的情况下,农民并不仅仅是消极地承受风险。Alderman和Paxson(1992)的研究发现,农民在风险发生前会通过多元化经营行为及采用保守的生产技术进行生产来稳定其收入,又称为收入平滑[1]。在我国,农民在风险发生前的生产性风险规避行为主要也是这两种。

5.3.1 多元化经营行为

多元化经营是指尽可能使收入来源多样化,以此规避可能发生的风险。例如,同时种植多种农作物或者从事多种农产品的生产、将其土地分布于不同的地块、在从事农业生产的同时从事非农生产经营活动等。具体来说,农民的多元化经营行为主要表现在以下三个方面:

第一,地域空间分散种植。农业生产活动受气候、土壤等因素的影响,气候和土壤不同的地区的生产风险并不完全相同,这种不同使得农民可以通过地块的空间分散种植来应付农作物的产量风险。农业气候和土壤的性质不同或局部具有特殊性的发生概率,往往比人们通常所认为的更为普遍。例如,在陕西省山区,

---

[1] Alderman H, C. Paxson. Do the Poor Insure? A Synthesis of the Literature on Risk and Consumption in Developing Countries[J]. World Bank Policy Research Working Paper No. 1008, 1992(10).

相距极近的两块耕地,其中一块处于风口,作物易倒伏,而另一块处在避风处,就不易遭受风灾。这种空间上的分散种植对于回避风险发生、稳定农作物产量是有效的。

第二,农业种植模式的多样化和品种的多样化。农民通过长期的种植实践活动积累了多样种植以分散风险的各种手段。交错种植和连续多样化种植模式就是重要的稳定产量和稳定收入的方式,这种多样化的种植实践活动在间作和套种中表现得特别明显。例如,以一种作物种植为主,选择具有不同成熟期、对环境变化具有不同敏感性、主产品和副产品具有多种最终用途的各种不同农作物进行间作和套种,就有利于分散和减小土壤和气候等环境变化对农作物产量和收入的风险。从各品种农作物产出之间的相关性来看,当其相关性较弱时,即其对生产条件具有不同的依赖性时,则在同一时期种植多品种的农作物可稳定总产出。不同生长期的品种可以避免特定时期的风险,例如,早熟品种可以避过迟熟品种可能在后期遭受的灾害;不同的品种抗病虫害的能力也不一样,品种多样化有助于减少总产量的损失。

第三,收入来源的多样性。从各项收入活动的相关性看,农民从事相关性弱的多种收入创造活动,也有利于回避风险的影响和稳定家庭总收入。例如,农民既有农业收入又有非农业收入来源,若农业活动和非农业活动的相关性较弱,则当农业收入减少时,非农业收入会使总收入保持在一定水平。收入来源多样化受以下因素的影响:农村教育水平、交通等基础设施、信息发达程度、信用条件、当地资源对非农业活动的适应性等。

从理论上说,只要不同收入来源不完全相关,这些收入来源的组合就会降低总的收入风险。我国农民的多元化经营行为一方面表现为在进行农业种植时,农民常常种植多种作物而不是一种;另一方面表现为在农业种植之外,家庭养殖、外出打工等也成为农民收入的重要来源。改革开放以来,家庭经营农业收入在我国农民总收入中所占比重不断下降,工资性收入和家庭经营非农业收入的比重则持续上升,尤其是工资性收入已经超过了家庭经营农业收入[①]。图5-2是1980—2005年我国农民家庭收入结构变化图,从中可以看出,1983年农民家庭经营农业收入比重超过了60%,随后一直在下降。从图5-3展示的1990—2015年农民各项来源的收入占人均纯收入的比重中,可以更加清楚地看到,2015年家庭经营性收入占人均纯收入的比重已经不足40%,已经低于工资性收入所占的比重。此外,由于近年来国家对农业的扶持力度在不断加大,因此,转移性收入所占的比重也在不断提升,2015年已经达到了18%。

---

① 1982年后,由于联产承包责任制的推行,人民公社时期的工分制被废除,家庭经营农业收入和工资性收入的地位发生了重大变化。

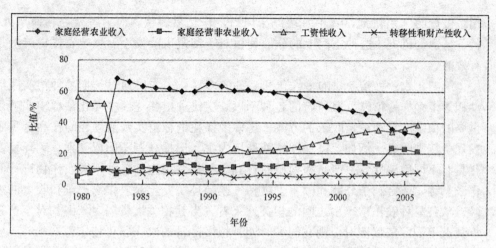

图 5-2　1980—2005 年我国农民家庭收入结构变化

图 5-3　1990—2015 年农民收入结构变化情况

其实，这种多元化经营格局在我国农村由来已久。自古以来，小农家庭的收入构成就包括家庭农业收入和非农佣工收入，这两种收入共同维系着小农家庭的生存。而且，这种收入格局不仅存在于贫困农民家庭，即便是富裕大户家庭也是如此，即所谓的"以末致富，以本守之"。这种情形，就是黄宗智形象地概括的小农经济的"拐杖逻辑"。改革开放以来，我国农村出现的商品化和市场化对小农家庭并没有产生质的影响,副业和农业外就业并未改变农村的小农经济性质,反而在很大程度上支持了它,"拐杖逻辑"的状况似乎仍然存在①。

5.3.2 采用保守生产策略进行生产

保守生产策略是指尽可能在风险较低(但同时回报也低)的生产活动中采用落后但稳定的生产技术,种植稳定性高但产量低的传统农作物,减少对某些高成本生产要素的投入,并尽可能平均分配土地,力求收入稳定。发展中国家的农民,尤其是贫苦农民,处于詹姆斯·斯科特(James Scott)所描述的"水深及颈"的状态,在这种状态下即使出现收入风险方面的"细波微澜"也可能导致严重后果,其风险回避倾向比一般的经济主体更强。我国一些偏远落后地区的贫困农民也是处于这种状态。为了回避风险,追求收入稳定,其生产决策会偏离利润最大化决策,这里的利润减少实际上是农民为减少风险而付出的风险金。这些地方的农民选择保守生产策略是出于生活安全的考虑,也是由自身人力资本素质所决定的。保守生产策略固然降低了风险,但同时也使农民难以利用新技术和抓住新机会,对生产要素的投入和利用也难以达到理想状态,无疑会降低农民本应拥有的生产经营活动的回报②。这一点可以通过图 5-4 清楚地表现出来。

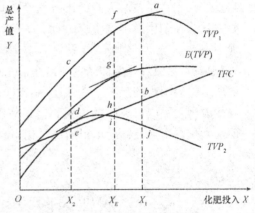

图 5-4 农民风险下的生产选择

图 5-4 中,曲线的形状反映了好天气和坏天气在不同化肥投入条件下对产量的影响。好天气会导致较好的收成,产量曲线为 TVP_1;而坏天气会导致很差的收成,产量曲线为 TVP_2;$E(TVP)$ 为农民对好天气或坏天气发生可能性做出综合判断之后预期的总产量曲线;TFC 是总成本线,它表示购买更多化肥所造成的总成本不断增加;三个不同的生产点 X_2、X_E、X_1 分别代表了农民根据自己的主观判断所做出的理性资源配置。

从图 5-4 可以看出,投入 X_1 的农民可能得到利润 ab,也可能遭受严重损失 bj;投入 X_E 的农民可能得到利润 fh,也可能遭受损失 hi;投入 X_2 的农民可能得到利润 ce,最差也能获得少量利润 de。显然,投入了 X_1、X_2、X_E 的农民,分别是风险喜好者、风险厌恶者和风险中性者。Lipton(1968)把避免灾难称为农民的

---

① 张杰. 中国农村金融制度:结构、变迁与政策[M]. 北京:中国人民大学出版社,2003.
② Morduch J. Income Smoothing and Consumption Smoothing[J]. Journal of Economic Perspectives, 1995,9(3):103—114.

"生存算术"[①]。从这个角度讲，贫困农民必然回避风险，否则，他们往往不能在两个收获季节之间维持自己的生活，即造成所谓的"青黄不接"。这也意味着在不确定性条件下，农民为了规避风险，选择的化肥投入量必然在 X_2 周围的区间内，而不可能选择其他远离 X_2 的投入。因为一旦农民生产出现损失就意味着灾难，对那些仅仅能够维持生存的贫困农民而言，减产意味着被饿死。

农民坚持使用保守的农业技术，而在使用可能增加利润的新技术时态度非常谨慎。虽然这样做的结果是获得的利润较低，但风险也低。农民可能在土地规模狭小的情况下选择种植多种农作物，甚至同时从事非农产业的生产和经营。这些方法都降低了预期利润，但同时也减少了收入的波动。

图 5-4 所揭示的规律对我国农民的风险规避行为具有一定的解释力。改革开放以来，农民独立自主的经营权不断加强，在技术和产品品种选择方面基本不受限制，但在面对新技术、新的市场机会面前，谨慎选择仍然成为农民应对风险的重要方式。在利用新市场机会方面，大多数农民不敢独立判断和选择，往往最初持观望态度，当观察到他人受益之后则一拥而上，形成了农业生产中较为严重的"跟风"现象，导致农业生产结构与市场需求脱节，最终受到市场的惩罚，出现农产品积压、销售困难的状况，造成了一定的经济损失。在这种情况下，保守生产策略往往成为农民应对风险的方式，但这意味着资源没有实现最优配置，利润无法实现最大化，个人及社会承担的代价相当高昂。

5.4 农业风险发生后农民的事后应对行为——风险统筹和消费平滑

在风险发生前，农民会通过多元化经营行为及采用保守生产策略进行生产等来稳定收入，提前防范、规避或者降低风险可能带来的影响或损失。而当农业风险发生后，农民则会通过社会网络内的风险统筹行为和跨时期的消费平滑行为这两种非正规方式来应对农业风险带来的损失。

5.4.1 社会网络内风险统筹行为

在面对风险而无法获得社会安全的正式制度的支持情况下，农民会依据个人日常生活经验和非制度化的方式来应对潜在的各种风险，在农村社会所谓的"人情交往"便是一种社会资本的积累性消费。在发展中国家的农村地区，同一村庄居

[①] [美]弗兰克·艾利思. 农民经济学[M]. 胡景北, 译. 上海: 上海人民出版社, 2006.

民、亲友群体或其他社会网络可以通过一定的制度安排彼此分担风险，在有些贫困地区甚至成了主要的风险规避机制。但这种制度安排没有正规形式，没有强制实施的机制，是一种非正式制度安排，无形中导致了它的低效和规避风险的有限性。社会网络内风险统筹的主要方法是互惠性收入转移，即当某个成员遇到困难时，该网络内的其他成员给予货币或其他形式的援助，而该成员也有在其他成员面临困难时给予援助的义务。例如，农民举办和参与宴席的行为就是一种维持和巩固与亲友关系的常见方式；而且人们也能通过操办宴席获得一定的资金支持，从而规避社会风险。这种互助也可能采取互惠信贷的形式，成员在生活困难时借钱，在收入增加时还钱。这类风险统筹的基本规则是互惠，网络成员必须遵守互惠的规则，违背规则的成员将受到某种惩罚，惩罚的主要形式是被社会网络排斥，最为严重的惩罚是完全被排除在社会网络之外而独自承担风险[①]。

在社会网络内的风险应对中，理想的状态是全社会都通过互惠性收入转移来实现农业风险统筹。但是，社会网络内的风险应对可能会受到以下因素的影响：

第一，收入水平和收入差距。当前收入差距不断扩大，富裕阶层给予的概率高于得到的概率，其利益会减少，同时其自我保险能力较强，其背叛的可能性会增加。假如由 N 个农民组成的村庄，在年初达成协议决定共享收获的农产品。每个人都承诺，如果产出较高，他（她）将把部分产出转移给产出低的其他成员。但是，在缺乏正规惩罚机制的情况下，那些高产出的农民到时候会认识到不进行产出转移更符合其利益。因而，一次性的约定很难产生风险共担的均衡。

第二，信息交流的程度。在对背叛者实施惩罚的过程中，如果关于该背叛者有背叛历史的信息能够迅速传播，其所受到的社会排斥会更加普遍，惩罚就会更加严厉。关于信息问题，同正式保险一样，社会网络内的风险应对中常常也存在因为信息的不完全、不对称而引起的"逆向选择"（事前机会主义行为）与"道德风险"（事后机会主义行为）问题。前者是指预期未来风险较小的成员将退出风险共担机制，后者是指人们有低报收入以获得资助或减少资助义务，以及减少获取收入努力程度的可能。在"逆向选择"和"道德风险"较为严重的情况下，社会网络内的风险统筹显然也难以维持下去。

第三，风险的性质。当较大的共同风险发生时，社会网络内的成员都陷于困境，非正式风险规避机制在实现消费平滑方面就显得无能为力。比如，2017 年 7 月中国南方很多地方发生大面积的洪水灾害，会使处于同一地区的社会成员全都陷入灾害的困境，导致社会网络内的风险统筹行为无法实现。

但是，对于一些社会网络基础相对稳定的地区，以上三个问题的影响就不会很严重。例如，在陕西省，由于当地传统的民俗民风和历史悠久的关中民族文化，其社会网络基础就比较稳定，具体表现在以下两点：第一，在一个稳定的农村社

[①] 白永秀，马小勇. 发展中国家非正式保险理论述评[J]. 经济学动态，2007(2)：87-94.

会网络内，尤其是以血缘和姻缘为亲情基础的社会网络内部，人们之间存在一定程度的利他主义倾向，这种倾向常常会成为农民很看重的伦理规则，具有相当的稳定性。Gary Becker(1993)通过效用函数说明了在存在密切的相互社会作用的条件下，利己主义者可能表现出同利他主义者同样行为的可能性[①]。社会网络内的这种利他主义倾向，可以在一定程度上弱化上面所提到的三方面问题。第二，由于居住地点相邻、职业相同、信仰相同等方面的原因，社会网络内的成员之间往往存在频繁的直接的交往关系，信息交流充分，而且成本很低，这就在一定程度上降低了社会网络内风险应对时，由于信息不完全、不对称问题而引起的"逆向选择"和"道德风险"问题发生的概率。

在我国，当农民出现收支困难时，往往通过社会网络内的互惠性收入转移来实现消费平滑，减少收入波动的影响，主要形式是无偿援助和无息借款。这虽然在一定程度上可以避免因为信息不对称而产生的"逆向选择"和"道德风险"问题，但在转型期，市场经济使人们的独立意识逐渐增强，传统伦理观念约束力日益降低，加之没有明确的权利义务约定，缺乏强制实施机制，农民面临的社会不确定性逐渐增强，这种社会网络内风险统筹在应对不确定性风险时的作用似乎越来越小。

5.4.2 跨时期消费平滑行为

跨时期消费平滑是指通过收入的跨时期转移来实现消费平滑，避免风险所带来的不利影响。通俗地讲，跨时期收入转移就是在现在出现收入降低或支出增加情况时，将过去或将来的钱拿到现在来花，与此相对应，跨时期消费平滑的形式包括资产积累和借款[②]。根据"生命周期—持久收入"假说，为了实现一生效用水平的最大化，人们会努力使各个时期消费的边际效用相等，这就需要通过资产积累（收入和储蓄）和借款来实现跨时期消费平滑。

跨时期消费平滑对遇到灾难的农民显然是非常重要的，然而，从目前来看，我国农民的跨时期消费平滑还存在以下几个障碍：

第一，农民收入偏低，储蓄量少。虽然我国农民收入总体提高了，但目前还有一些生活贫困的农民，要么只有数量很少的储蓄，要么根本就没有储蓄，在需要跨时期消费平滑时，这部分农民肯定会遇到困难。由于农民的资产积累受到低下的收入水平的制约，其资产积累意愿取决于资产回报率和主观贴现率之间的关系。主观贴现率取决于收入水平，在收入水平较高的情况下，人们会更多地为将

---

① [美]加里·S·贝克尔. 人类行为的经济学分析[M]. 王业宇，陈琪，译. 上海：上海三联书店，上海人民出版社，1993.

② [美]普兰纳布·巴德汉，[美]克利斯托弗·尤迪. 发展微观经济学[M]. 陶然，等，译. 北京：北京大学出版社，2002.

第5章 我国农民非正规风险规避行为分析

来考虑,资产积累水平较高;而在收入水平低下的情况下,人们维持目前的生活相当艰难,难以为将来考虑。对于我国很多农民而言,由于收入水平低下,他们是缺乏耐心的,其主观贴现率较高。结果使资产回报率低于主观贴现率,农民缺乏积累资产的积极性,很少会进行以预防风险为目的的资产积累[①]。因而,我国农民资产积累水平较低,在实现跨时期消费平滑方面的作用是有限的。

第二,我国农民借款面临着多种约束。即使在发达市场经济国家,农民在借款时也面临种种制约。在发展中国家,主要有三个方面的原因使农民往往面临着较为严重的借款约束。

一是信息不对称问题。在我国,由于农村社区的封闭性、农业生产的分散性和较强的不确定性、农民缺少自己的经济利益集团等原因,正式信贷机构向农民提供贷款时往往面临着信息不对称所产生的"逆向选择"和"道德风险"问题,因而,并不愿意借款给农民。美国经济学家 Stiglitz 和 Weiss 等人的研究工作已经对此做了充分的说明。

二是资金非农化问题。发展中国家的基本特征是呈二元经济结构,我国也不例外,即传统的农业部门与现代工业部门并存。在传统的农业部门中,主要使用传统的农耕技术和经济组织方式,生产效率低,投资回报率低下。而在现代工业部门中,商业化活动占主导地位,这些活动建立在现代技术和专业化分工的基础上,生产效率高,投资回报率高。在这种背景下,政府的财政资金就有明显的从农村向城市流动的趋势。

三是交易费用问题。为了防止机会主义行为的出现,借贷市场的交易必须付出相应的交易成本,即信息搜集成本、缔约成本、监督成本和强制履约成本等。由于交易成本中的大部分具有固定成本的特征,一般而言,交易规模越大,平均的交易成本就会越低。但是,在我国农村,由于经济单位以单个家庭为主,农民经济力量薄弱,与现代工业部门的信贷需求规模比较而言,农民的大部分贷款具有"临时性、数额小、周期长、风险大"等特征,这就使信贷机构在农村市场上的业务面临着较高的交易成本,而回报率又较低,其积极性可想而知,正规金融机构基本都不愿意满足农民这种小额临时性的贷款需求。

由于上述原因,正式信贷机构不愿意在农村发放贷款,农民虽然有实现消费平滑的主观愿望,但实际中却难以通过正规借贷市场获得借款,不得不承受消费波动。

第三,"高利贷"存在诸多争议。近些年来,随着我国改革的深化,多种经济成分共同快速发展,我国农村民间借贷市场又开始活跃起来,"高利率"民间借贷越来越引起人们的关注。大量调研表明,从20世纪80年代中期至今,民间借贷在我国许多农村地区已经占据重要地位。"高利贷"是民间借贷的一个重要方面,在

[①] 正如民谚所云"穷人顾当下,富人想将来",这也正是边际消费倾向递减规律的重要原因。

我国传统观念中视其为剥削农民、导致农民破产、破坏社会稳定的元凶,一直受到观念上的否定、道德上的谴责和法律上的禁止。但不可否认的是,由于乡村区域性特点,可以较容易解决"信息不对称"、手续烦琐等问题,民间借贷在相当大程度上可以弥补正式借贷市场所留下的空缺。民间借贷(包括"高利贷")作为"三农"风险保障机制,在正规借贷机构无法满足农民的需求时,可以在一定程度上保护农民,使他们生产、生活不至于过于艰难。

然而,非正式借贷者的资金主要来自农村社区内部,一方面其所能提供的信贷量有限,本身仍然处于非法或者受法律严格限制的状态,并且存在缺乏强制实施机制而导致的高风险;另一方面由于市场分割而形成非充分竞争,非正式借贷市场的利率水平都较高,这意味着通过这种途径实现跨时期消费平滑会产生较高的成本。所以,农民只有在用其他方式借款失败或不足时才会向"高利贷"借款[1]。而且,"高利贷"的确还会产生一系列不良的影响和后果,如暴力催债等问题,会严重影响农村社会的稳定与和谐发展。因此,民间借贷尤其是"高利贷",在我国农村是以一种"消极"的方式发挥着"有限"的作用。在当前农村社会经济发展水平仍然不高的情况下,民间借贷(包括"高利贷")在农村还可能存在较长的时间,应该积极采取措施对"高利贷"等民间借贷进行规范管理。更重要的是,要依靠发展现代正规金融来改善农村金融环境,从而挤出"高利率"民间借贷。

5.5 农民非正规风险规避行为的负面影响

农民在风险发生前后并非被动地承受风险,而是可以通过事前多元化经营行为及采用保守生产策略进行生产和事后社会网络内风险统筹行为及跨时期消费平滑行为等非正规的风险规避行为,在一定程度上稳定其收入,降低农业风险的影响,但这种非正规的风险规避行为存在的负面影响也很明显。

5.5.1 影响粮食产量

在气候和天气状况正常的情况下,对粮食产量起决定性作用的因素主要是耕地、化肥和劳动力。由于城市化、荒漠化等因素的影响,我国耕地面积实际上是在持续减少,因此,未来耕地对粮食产量增加实际是负贡献。肖海峰、王姣(2004)的一项研究发现,对粮食产量而言,化肥生产弹性系数为0.2053,劳动力投入生产弹性系数是-0.2353,说明化肥投入的增加对粮食产量的增加仍具有较大的作用,化肥费用增加1%,就可带来0.205%的粮食总产量的增长,而劳动力的增加并不会增加粮食产量,相反,劳动力的减少对粮食产量的增加是有

---

[1] 叶静怡. 发展经济学[M]. 北京:北京大学出版社,2007.

利的①。

但是，从 5.3 节可以看到，在非正规风险规避机制下，由于不确定性因素的存在，农民生产决策中使用的化肥量并没有达到产量最大化的状态，因此，我国粮食产量会出现波动，比如 2016 年粮食产量就比 2015 年下降了。此外，在农民的非正规风险规避机制下，农业风险尤其是自然风险往往防范不到位，也会直接导致粮食减产。

5.5.2 导致效率损失

一方面，农民为了减少风险、稳定收入，对新生产技术和新市场机会的反应相当缓慢。在新生产技术应用方面，农民的态度相当谨慎，为了防止风险，多数农民更愿意采用风险低但收益也低的技术和品种，这也是我国农业生产科技成果转化率低、技术水平进步缓慢的重要原因之一。在利用新市场机会方面，也容易出现我国农业生产中较为严重的"跟风"现象，导致农业生产结构与市场需求脱节，降低了资源配置效率。

另一方面，农民通过多元化经营行为处理风险，会因为分工不足和农地流转不足而带来效率的低下。在户均耕地仅为 1.5 亩左右的情况下，我国农民却同时种植多种农作物，其无法通过实行专业化来实现生产效率的提高。同时，农民为了获得基本的生活保障，减少收入波动，即使在非农收入成为主要收入来源的情况下仍然兼业经营土地，从而使农地资源难以实现合理流转，农业生产经营规模狭小的问题难以解决。虽然近些年农民外出就业或从事非农工作的人数逐年增加，但对于依然留在农村从事农业经营的人来说，尤其是对于贫困地区的农民来说，效率低下的状态并没有多少改变。

5.5.3 拉大收入差距

风险是创新的障碍。由于缺乏信息，加之信贷市场和劳动力市场的不完全，农民为了规避风险会减少创新而做出次优的生产决策，但农民的风险规避态度并不是一成不变的。收入增长时，农民的风险规避态度或者不变(Binswanger & Sillers，1983)，或者下降(Hamal & Anderson，1982)。富裕的农民即使做出了很有风险的决策，也能够较好地承受风险损失，因此他们的生产更有效率，更倾向于专业化生产，并且也更愿意创新，因而其收入也会不断提高。而且富裕农民往往是金融部门的"优良"客户，他们通过很少或为零的"寻租"成本就可获取更多的信贷机会。而对贫困农民来说，却刚好相反，因为贫困不敢冒险、不敢创新，收入就难以提高，结果就进入了一个恶性循环。如果这些因素不断累积，农民决策环

---

① 肖海峰，王姣. 我国粮食综合生产能力影响因素分析[J]. 农业技术经济，2004(6)：45—49.

境越是不确定,富裕农民比贫困农民的优势就越明显,就会出现农民之间收入不平等以及不平等扩大的现象。

通过以上分析,可以清楚地看到,当严重的自然灾害或者市场风险出现时,无论是社会网络内风险统筹行为还是跨时期消费平滑行为的作用都是非常有限的。事后应对行为作用的有限性反过来又促使农民更多地采取事前应对行为,即通过多元化经营行为及采用保守的生产策略进行生产去应对不确定性,从而进一步造成生产的低效率。这样一来,农民实际上会陷入"贫困的恶性循环"而难以自拔,没有政府等外界强有力的干预,仅靠农民自身力量是难以打破这个恶性循环的,这也说明,在农民个体风险防范体系之外,急需建立一个由政府主导的正规的多层次的风险防范体系。

第6章 政府介入农业风险的行为分析

在现代经济增长理论中，都包含着这样一个核心思想：有效规避农业风险，确保农业优质、高产、高效的发展是农民收入持续增长的根本动力。这说明对广大农民而言，只有降低农业风险的影响，提高农业技术水平，发展好农业，才能抓住有利的经济机会，争取更多时间从事非农业生产，增加收入。然而，由于我国农民文化素质偏低、农业生产观念保守、农业信息供给不灵敏、农民利益集团缺失等原因，单靠农民个人力量根本无法解决农业风险规避的问题，即在农业风险防范方面出现了"市场失灵"[①]。在这种情况下，就亟须外界力量的介入以改变现状，提高农民的风险防范能力。

6.1 政府应对农业风险现状及效果评价

农业本身就是一种弱质型产业，而且其具有正外部性，这决定了规避农业风险也是政府的重要职责之一。然而，从我国政府应对农业风险的现状和效果评价来看，却出现了一定程度的"政府失灵"。

6.1.1 政府应对农业风险的现状

目前，我国政府主要从三个方面应对农业风险：一是政府投资进行农业基础设施建设，提前预防洪涝、干旱等自然灾害带来的自然风险；二是发生自然灾害后，以灾害救济为主、农业保险为辅应对自然风险；三是制定农产品价格保护制度、建立期货市场、提供农业信息服务等多样化手段相结合，规避市场风险。

1. 政府投资农业灌溉、水库等基础设施，提前预防自然风险

防汛抗旱、除涝治水事关人民群众切身利益，事关经济发展和社会稳定，是一项关系全局的重要工作。我国区位、地貌、气候的特殊性，决定了易涝、易旱、

---

① 杨卫军. 人力资本视角的农民增收[D]. 西安：西北大学，2006.

特别是易受洪水威胁的基本国情。抓好防汛抗旱工作，确保人民生命财产安全，努力减轻水旱灾害损失，始终是我国一项艰巨而繁重的工作。近年来，我国政府不断加大投入，在修建水库、增加灌溉、防涝、水土流失治理方面取得了举世瞩目的巨大成就，为经济社会发展、人民安居乐业做出了突出贡献。到2015年年底，全国建成各类水库近9.8万座、大中型灌区7 700多处，灌溉面积超过了10亿亩，全国节水灌溉面积达到4.35亿亩；在占耕地面积一半的灌溉农田上，生产了占全国总量约75%的粮食和90%以上的经济作物，详见表6-1。但是，在取得巨大成绩的同时，还是可以看到，近年来我国频繁发生的严重水旱灾害，依然造成了重大生命财产损失。这也暴露出我国农田水利等基础设施仍然十分薄弱，依然存在水库病险严重、堤防防洪标准偏低、防汛技术力量薄弱、防汛手段相对落后等问题，影响了我国农业风险防范的长久发展。农田水利建设滞后也将会成为影响农业稳定发展和国家粮食安全的最大"硬伤"。

表6-1 灌溉、水库和除涝治水情况

项目	1990年	1995年	2000年	2005年	2010年	2012年	2013年	2014年	2015年
年底灌区数/处	5 363	5 562	5 683	5 860	5 795	7 756	7 710	7 706	7 728
3.3万公顷以上	72	74	101	117	131	177	180	176	176
2.0万~3.3万公顷	76	99	141	170	218	280	290	280	280
灌区有效灌溉面积/万公顷	2 123.1	2 249.9	2 449.3	2 641.9	2 941.5	3 019.1	3 392.8	3 021.6	2 990.2
3.3万公顷以上	604.7	631.4	788.3	1 023.0	1 091.8	624.3	628.4	624.1	1 000.7
2.0万~3.3万公顷	189.6	244.4	344.0	408.0	474.0	501.7	504.5	501	518.5
水库/座	83 387	84 775	85 120	85 108	87 873	97 543	97 721	97 735	97 998
大型水库/座	366	387	420	470	552	683	687	697	707
中型水库/座	2 499	2 593	2 704	2 934	3 269	3 758	3 774	3 799	3 844
小型水库/座	80 522	81 795	81 996	81 704	84 052	93 102	93 260	93 239	93 437
水库库容量/亿立方米	4 660	4 797	5 184	5 624	7 162	8 255	8 298	8 396	8 581
大型水库/亿立方米	3 397	3 493	3 842	4 197	5 594	6 493	6 529	6 618	6 812
中型水库/亿立方米	690	719	746	826	930	1 064	1 070	1 077	1 068
小型水库/亿立方米	573	585	594	602	638	698	699	701	701
节水灌溉面积/万公顷			1 638.9	2 133.8	2 731.4	3 121.7	2 710.9	2 901.9	3 106

续表

项目	1990年	1995年	2000年	2005年	2010年	2012年	2013年	2014年	2015年
除涝面积/万公顷	1 933.7	2 006.5	2 098.9	2 133.9	2 169.2	2 185.7	2 194.3	2 236.9	2 271.3
水土流失治理面积/万公顷	5 300	6 690	8 096	9 465	10 680	10 295	10 689	11 161	11 554.7
堤防长度/万千米	22.0	24.7	27.0	27.7	29.4	27.7	27.5	28.4	29.1
堤防保护面积/万公顷	3 200.0	3 060.9	3 960.0	4 412.0	4 683.1	4 259.7	4 031.7	4 279.4	4 084.4

注：大型水库库容：1亿立方米以上；中型水库库容：1 000万至1亿立方米；小型水库库容：10万至1 000万立方米

2. 政府以灾害救济为主、农业保险为辅的自然风险规避方式

在农业自然风险发生后，政府会采取灾害救济措施，主要包括：抢救、转移和安置灾民；调拨救灾物资、发放救灾粮款；帮助灾民重建家园、恢复生产；提供优惠或补贴贷款等。据统计，从中华人民共和国建立之初到20世纪80年代初期，我国政府用于救灾的救济款超过了100亿元。其中，50%以上用于解决灾民的口粮问题，10%用于解决灾民的穿衣问题，25%用于灾民建房，用于恢复生产的资金占15%。改革开放以后，我国政府一直在不断增加投入。根据财政部公布的数据，2009年我国财政安排特大自然灾害救济补助费40.05亿元；根据民政部公布的数据，2015年国家减灾委、民政部共启动20次国家救灾应急响应，向受灾省份累计下拨中央自然灾害生活补助资金94.72亿元，紧急调拨4.7万顶救灾帐篷、16.1万床棉被、11万件棉大衣、2.3万个睡袋、5万张折叠床等生活类中央救灾物资，累计救助受灾群众6 000余万人次[①]。但是，灾害救济仅是事后的临时性补偿方法，并且灾害救济的范围和作用有限。

1978年以来实行了家庭联产承包责任制，我国农业逐步转轨到市场经济体制中。相应地，政府介入农业自然风险管理的方式也发生了改变，在以政府的民政和财政救济为主的同时，增加了农业保险这一辅助措施，并试图将农业自然风险管理的方式由以政府灾害救济为主向以农业保险为主转移，但是这种转移最终并不成功。从我国农业保险的发展历程和现状特征中不难看到这种农业自然风险管理方式转移的实际效果。

农业保险对于我国这样一个农业大国来说，应该是规避农业风险的有效手段和重要工具，可以为推动农业体制改革、保障农业生产顺利进行提供有效的保障。

---
① 中华人民共和国民政部门户网站.2015年社会服务发展统计公报.2016—07—11.

而且农业保险也是世贸组织允许的"绿箱①"政策之一,世界上大多数国家的农业保险市场都十分活跃。我国农业保险从 20 世纪 50 年代随着农业合作化运动的展开起步;80 至 90 年代在由计划经济体制向市场经济体制转轨的过程中,由于农业保险赔付率高,完全商业运作效益低,农业保险日益萎缩。进入 21 世纪以来,中央将建立农业保险制度重新提上了日程。从 2007 年中央财政政策性农业保险保费补贴政策实施以来,在遵循"政府引导、政策支持、市场运作、协同推进"及"低费率、保成本、广覆盖"的原则下,我国农业保险进入了一个新的发展阶段,农业保险实现了快速发展,在服务"三农"方面发挥了积极作用。

但是,在农业保险的实际操作过程中,还存在一些短板。目前,我国农业保险体系还不够完善,农业保险发展还处于"供求双冷"、总体普及率较低、覆盖面狭小的低迷状态。其突出矛盾表现在,广大农民迫切需要农业保险的保障,而由于农业自然灾害的高发生率以及高额交易费用等原因,各商业保险公司面对农业保险缺乏经营积极性,不愿涉足该领域,农业保险在规避农业风险中陷入了失灵状态。其主要原因在于②:一是农民保险意识不强、对保险缺乏认识或对保险机构不信任,特别是不少农民本身收入低、保费支付能力和支付意愿低、需求不积极;二是农业保险机构面临信息不对称、运营费用高、交易成本高等问题;三是农业保险基础设施(如保险信息系统、科技服务体系、费用结算支付体系等)还不够完善,导致交易费用过高;四是农业政策性保险过度依赖保费补贴,保费补贴是否能纳入"绿箱"政策目前国际上还存在争议③;五是政策性农业保险与农民面临的农业风险脱节,中央补贴型的政策性农业保险覆盖的农产品与地方性农业生产特性、农业生产结构不完全匹配。

3. 多样化手段相结合的农业市场风险规避方式

随着市场经济体制的逐渐确立,政府采取了多样化手段相结合的农业市场风险规避方式,目前主要有保护农产品价格制度、临时收储制度,建立农产品期货市场以及提供农业信息服务。2016 年 12 月 18 日,时任中央财经领导小组办公室副主任韩俊在北京大学国发院主办的国家发展论坛"全球变革时代的中国"上提出,"我们农业供给侧结构性改革最大的一场硬仗,就是农产品价格形成机制和收储制度的改革"。

---

① "绿箱"政策包括:a. 政府一般服务研究(病虫害控制、培训服务、推广和咨询服务、检验服务、营销和促销服务、基础设施建设、其他一般服务、不可分的一般服务);b. 为了食物安全目的的公共储备;c. 国内食物援助;d. 不挂钩的收入支付;e. 收入保险/安全网络计划;f. 减轻自然灾害;g. 生产者退休计划;h. 资源停用计划;i. 投资援助;j. 环境项目;k. 地区援助计划;l. 其他措施。

② 吴本健,马九杰. 以政策性农业保险促进农民脱贫增收[N]. 光明日报,2017—07—18(11).

③ 目前,大部分发达国家,如美国、加拿大、韩国、欧盟成员国,将其保险补贴支出列入"黄箱"支出;而大多数发展中国家,如巴西、印度和菲律宾,将其农业保险补贴列入"绿箱"支出。目前,我国并未明确农业保险补贴归属。

第6章 政府介入农业风险的行为分析

第一，保护农产品价格制度和临时收储制度。20世纪90年代以来，我国粮食保护价格政策的变化主要体现在以下两点：一是粮食收购保护价格实施范围不断调减；二是粮食保护价格水平不断下调，这样一来，农民的收入将面临缩水。20世纪90年代末，我国放开大豆、棉花市场和价格。2008年以来，国际市场价格相继出现暴跌，为保护农民利益、稳定农业生产，国家开始实行临时收储制度。初期效果立竿见影，但随着临时收储政策常态化，负面效应渐显，受影响最大的当属下游棉纺企业。2011年以来，棉花收储价格从19 800元/吨提高到20 400元/吨；但国际棉价却一路下行，2013年进口棉比国内棉每吨低4 420元。为了减轻棉纺企业压力，国家允许企业按照配额购买进口棉。

目前，我国的很多种农产品均需大量进口。一方面是因为我国的农业基础竞争力相对不足；另一方面是由于国家对农产品价格进行干预，如实行临时收储制度，国内临时收储的价格高，而国际价格在不断下跌，国内外价差很大，进口的冲动就很大。如今粮食库存已经和全年总产量差不多，玉米库存已经明显超过了全年的玉米需求。在这种状态下，2011年下半年以来国内粮价持续上涨，逐步超过进口粮价，极大地刺激了粮食进口数量的增长。此外，由于企业收购成本居高不下，处于产业链下游的粮食加工产业整体发展也陷入困境。为了让价格真正反映供求关系的变化，让价格机制能够有效引导农业资源的配置，2016年中央"一号文件"提出，要坚持市场化改革取向与保护农民利益并重，分品种施策，改革农产品价格形成机制和临时收储制度。现在，棉花、大豆、油菜籽和玉米的临时收储已经取消，随后还要继续深化稻谷、小麦等主要农产品价格形成机制和临时收储制度的改革，要按照"价补分离"的方向，由市场决定价格，对生产者实行直接补贴。农业政策也要逐步由过去的以价格支持和干预为主，转向以直接补贴的"绿箱"政策为主。逐渐把政府和市场的关系理顺，真正使得我们的农业、农产品都是有效供给，农产品的供给结构与需求结构相匹配[①]。

2017年1月19日至20日，在北京召开的中央农村工作会议上强调，推进农业供给侧结构性改革，关键在于完善体制、创新机制，加快深化农村改革，理顺政府和市场的关系，全面激活市场、激活要素、激活主体；要推进粮食等重要农产品价格形成机制和临时收储制度改革，深化农村产权制度改革，改革财政支农投入使用机制，加快农村金融创新，健全农村创业创新机制。中央农村工作领导小组原副组长陈锡文也表示，农业供给侧结构性改革本质上是要提高农业综合效率、提高农产品国际竞争力，举措之一就是让农产品的定价主要由市场决定。玉米临时收储价格政策改革实行"市场定价、价补分离"就是一例。中国社会科学院农村发展研究所研究员李国祥也认为，实施了长达8年的玉米临时收储制度完全退

---

① 韩俊：农产品价格形成机制和收储制度是改革硬仗. http://opinion.caixin.com/2016-12-18/101028236.html

出历史舞台,玉米价格执行"价补分离"的改革政策,将成为中国农业供给侧改革的突破口。一方面,玉米价格由市场形成,反映市场供求关系,调节生产和需求,生产者随行就市出售玉米,各类市场主体自主入市收购;另一方面,建立玉米生产者补贴制度,给予一定财政补贴,中央财政补贴资金拨付到省区,由地方政府统筹补贴资金兑付给生产者,以保持优势产区玉米种植收益基本稳定[①]。2017年1月23日,全国发展改革系统农村经济工作会议在京召开,在推进农业农村改革方面,会议要求2017年要实现新突破,即深化粮食等重要农产品价格形成机制和临时收储制度改革,高度重视农村土地"三权"分置改革、农村集体产权制度改革等进展,统筹推进农业农村各项改革[②]。

第二,建立农产品期货市场。在农产品期货市场方面,我国才刚刚起步。农产品期货是世界上最早上市的期货品种,期货市场最先产生于农产品市场,并且在期货市场产生之后的120多年中,农产品期货一度成为期货市场的主流。19世纪中期,芝加哥已经发展成为美国中西部最重要的商品集散地,大量的农产品在芝加哥进行买卖。在当时的现货市场上,谷物的价格随着季节的交替频繁变动。每年的谷物收获季节,生产者将谷物运到芝加哥寻找买主,使市场饱和,价格暴跌;当时缺少足够的存储设施,到了第二年春天,谷物匮乏,价格上涨,消费者的利益又受到损害。这就迫切需要建立一种远期定价机制以稳定供求关系,而期货市场正是在这种背景下应运而生。期货市场在农产品供给和需求的矛盾之中建立起了一种缓冲机制,化解了农产品供给和需求的季节性矛盾。

虽然30多年来,农产品期货交易额所占的绝对比例大大下降,但它仍然占据着国际期货市场上相当的份额。国际上仍然在交易的农产品期货有21大类、192个品种,其中相当一部分交易非常活跃,在世界农产品的生产、流通、消费中成为相关产业链的核心。从我国的情况来看,农产品期货仍然是我国期货市场的主流,也是最有可能上新品种并获得大发展的期货品种,并且在相当长的一个时期内,这种格局都不会有太大改变。因此,农产品期货对农业生产和流通以及农业风险规避具有重大意义。

对农业来说,期货市场风险转移的经济功能可以说是最重要的,尤其是价格风险转移。在商品市场上,干旱、洪水、战争、政治动乱、暴风雨等会直接影响商品的价格。激烈的市场竞争、一些商品收获和需求的季节性会导致价格在较短时期内大幅度波动。由供求的不可预测所带来的潜在价格风险是市场经济所固有的,也是买主和卖主无法抵御的。期货合约是通过交易所达成的一项具有法律约束力的协议,对商品的买卖数量、预期交货时间和地点以及产品质量都有统一的

---

① 农产品价格、收储制度、产权制度等改革将深入推进. http://news.xinhuanet.com/fortune/2016-12/21/c_129413970.htm

② 农产品价格形成机制和收储制度改革今年实现新突破. http://finance.sina.com.cn/stock/t/2017-01-23/doc-ifxzunxf1874046.shtml

规定。事实上，除了价格以外，期货合约的所有方面都有统一的规定。正因如此，期货合约对于那些希望未雨绸缪、保证不受价格急剧变化影响的套期保值者来说具有很大的吸引力。农产品生产易受不以人的意志为转移的气候条件的影响，风险性高，通过期货合约这个有用的工具，农民、粮食企业以至消费者都能对农产品市场做出较可靠的估测。当然，期货合约除了套期保值的作用之外，还有风险投机的作用，各种风险程度不同的期货合约可以为投资者提供盈利机会。例如，买卖农产品期货以从预期的价格变化中谋利。

美国成功地利用了期货为农民提供服务，如美国政府将玉米生产与玉米期货交易联系起来，积极鼓励和支持农民利用期货市场进行套期保值交易，以维持玉米的价格水平，通过玉米期货市场，美国已经成为全球玉米定价中心。我国目前期货市场已经上市的农产品期货[①]有早籼稻、强麦、硬（普）麦、玉米、棉花、黄大豆一号、黄大豆二号、豆粕、豆油、菜籽油、棕榈油、白糖和天然橡胶13个品种，占上市期货品种数量的近一半，覆盖了粮、棉、油等农产品系列。2011年，我国农产品期货共成交5.73亿手，成交金额55.28万亿元，分别占期货市场总成交量和总成交金额的54%和40%。根据美国期货业协会(FIA)统计，2011年我国农产品期货市场成交量占全球农产品期货市场成交量的58%。随着我国农产品期货市场的发展，农产品期货投资者参与度不断提高，在引导种植业结构调整、推进农业产业化和现代化、规避市场风险、保护农民利益等方面发挥了明显作用[②]。

我国郑州粮食批发市场成立于1990年，于1993年在小麦交易中引进期货交易机制，标志着我国农产品期货市场的兴起。中间几经波折，经过多年的清理整顿，到1999年年底，我国仅存3家具有农产品交易资质的期货交易所，即大连商品交易所[③]、上海期货交易所[④]和郑州商品交易所[⑤]。大连商品交易所现已成为国内最大的农产品期货交易所，其大豆品种是目前国内最活跃的大宗农产品期货品种，

[①] 360百科. 农产品期货. https://baike.so.com/doc/5337123-5572562.html
[②] 刘学文. 中国农业风险管理研究：基于完善农业风险管理体系的视角[D]. 成都：西南财经大学，2014.
[③] 大连商品交易所，是中国最大的农产品期货交易所，全球第二大大豆期货市场。成立于1993年2月28日，是经国务院批准，并由中国证监会监督管理的四家期货交易所之一，也是中国东北地区唯一一家期货交易所。交易品种有玉米、黄大豆一号、黄大豆二号、豆粕、豆油、棕榈油、鸡蛋等15个期货品种。
[④] 上海期货交易所，是依照有关法规设立的，按照其章程实行自律性管理的法人，并受中国证监会集中统一监督管理，现有会员398家，其中期货经纪公司会员占80%以上。交易品种有黄金、白银、铜、铝、锌、铅、螺纹钢、线材、燃料油、天然橡胶、沥青等11种期货品种。
[⑤] 郑州商品交易所（简称郑商所），成立于1990年10月12日，是我国第一家期货交易所，也是中国中西部地区唯一一家期货交易所。郑商所是我国第一个以粮油交易为主，逐步开展其他商品期货交易的场所，前身是中国郑州粮食批发市场，于1993年5月28日正式推出期货交易。交易品种有小麦、棉花、白糖、菜籽油、早籼稻、菜籽、菜粕等16个期货品种，其中小麦包括优质强筋小麦和硬冬（新国标普通）小麦。郑商所上市合约数量在全国4个期货交易所中居首，截至2005年年底，共成交期货合约44 081万手，成交金额138 261亿元。

也是世界非转基因大豆期货交易中心和价格发现中心。

第三，提供农业信息服务。一直以来，我国政府在提供农业信息服务方面发展十分缓慢，地市级农业信息服务体系覆盖率为78%，乡镇为18%，到达农村的就更少了。近年来，政府已经开始加强农业信息服务的提供，很多省、市、县已经成立了信息服务提供机构，向广大农村提供各种信息服务。党中央、国务院高度重视信息进村入户，2014年以来连续三年中央"一号文件"和《国务院关于积极推进"互联网＋"行动的指导意见》（以下简称《意见》）都对信息进村入户做出战略部署，提出明确要求。农业部认真贯彻落实中央部署要求，已在26个省份116个县开展了试点工作。《意见》提出的主要任务有整省推进信息进村入户工程、完善农村基层信息服务体系、加快构建综合信息服务平台等[1]。2016年我国农业部又发布了《农业部关于全面推进信息进村入户工程的实施意见》，指出信息进村入户是发展"互联网＋"现代农业的一项基础性工程，也是当前的突出"短板"，其对促进农业现代化、缩小城乡差距意义重大。2016年，原农业部和中国气象局还联合印发了《关于推进气象信息进村入户的通知》，明确要求加强气象信息在农业生产、农产品流通等环节及农村防灾减灾中的应用，着力解决农业气象信息服务"最后一公里"问题，使普通农民不出村、新型农业经营主体不出户就可享受到便捷、经济、高效的农业气象信息服务[2]。以上内容表明，我国政府已经认识到农业信息对我国农业发展的重要性，正在逐步建立农业信息提供服务网，其将为农业的发展提供广泛的信息服务。

除此之外，与欧美国家相比，我国政府对农业的补贴力度也显得比较疲软。中华人民共和国成立后，经济发展政策一直是"抽农补工"，政府对农民不但没有任何补贴，反而征收名目繁多的税费，直到2006年才废止了1958年通过的《中华人民共和国农业税条例》。20世纪90年代，我国政府对农村的投入仅占财政支出的2%~3%，21世纪前10年增长到8%~9%，这个数字不但大大低于发达国家，甚至连巴基斯坦、泰国、印度等人均GDP远远低于我国的发展中国家都不如，它们的农业投入约占财政支出的15%。2011年我国政府的农业投入才4 589亿元，农业劳动者人均获得的政府投入仅为812元左右。而同年，美国农业劳动者人均获得政府补贴23 686元，是中国的29倍。政府对农民的补贴低，意味着农民就减少了一定的收入，在应对农业风险方面的能力也就必然会受到影响。

6.1.2 政府应对农业风险的效果评价

1. 政府投资农业基础设施力度有限，无法覆盖所有风险

一方面，因为农业风险的发生具有客观性、不确定性、多样性、分散性、季

---

[1] 农业部关于全面推进信息进村入户工程的实施意见.http://www.gov.cn/xinwen/2016-11/14/content_5132016.htm

[2] 农业部与中国气象局推进气象信息进村入户，气象服务将纳入益农信息服务平台.http://www.gov.cn/xinwen/2016-10/11/content_5117452.htm

第6章 政府介入农业风险的行为分析

节性等特征，包括自然风险、市场风险、政策风险、制度风险、技术风险等，无论其发生的范围、程度、频率还是形式、时间、强度等都可以表现出不同形态；但是，风险是否发生、在何时何地发生以及发生的范围和程度等又完全是偶然的和不确定的。而且由于农业生产地域广阔，农业风险有较强的分散特点和地域特点，所以人们对其不能完全了解和全面掌握，那么，政府就无法投资建设足够的基础设施去覆盖所有风险。另一方面，虽然近些年经济发展迅速，财政收入也大幅增长，但各项支出也非常多，资金总量也是有限的，不可能全部用于农业基础设施建设，尤其是小型的、区域性的基础设施建设。

2. 政府以灾害救济为主、农业保险为辅的农业自然风险规避方式适应性差

在目前的情形下，政府以灾害救济为主、农业保险为辅的农业自然风险规避方式已经难以适应市场经济条件下农业发展的客观需要。显然这种局面的形成一方面源于政府资源束缚下的行为选择，另一方面源于农民利益集团的缺失。首先，在财政资源有限的束缚下，政府的偏好是快速实现社会利益最大化，而农业效益周期长、见效慢，政府分配到农业灾害救济的资金有限，只能弥补农民很小的一部分损失。全国一年的财政救灾资金不过 20 多亿元，1998 年之前才 10 多亿元，而一次大的农业灾害造成的损失少则几百亿元，多则上千亿元，财政救灾资金可谓杯水车薪，与实际损失差额很大，这个差额大部分只能由农民自己承担。其次，政府救济在实施过程中的公正性和效率性受到现有行政系统体制和效率的制约。由于农民没有自己的利益集团组织，救济资金在层层下拨的过程中更容易出现被挪用和截留等现象，最后到达灾民手中的补偿量已少之又少。最后，作为辅助手段的农业保险的现有制度难以适应市场经济条件下农民内在的风险保障需求，其突出表现就是政府对农业保险的制度创新不足，致使农业保险供需过程中出现惨淡经营的局面。

3. 现行市场风险管理机制不适宜、不利于最大化增进农民的福利

第一，农产品价格保护政策设计基点出现偏差，政策目标没有很好地实现。它所保护的只是低效率的生产和固守现状的小农意识。虽然短时期内农民可以从保护中得到利益，但从长期来看，仍将是最终的受害者。农产品临时收储制度是实施农产品价格保护制度的辅助手段，在实际操作中也没有达到政策的预期效果，在很大程度上受制于粮食价格保护政策，不利于农民持续增收。而且我国至今还没有一个关于农民自身的强有力的利益集团，这就很难使农民的利益得到应有的保护。

第二，农产品期货市场运作不当，没有成为避免市场价格波动风险的有效手段，在运行时与现实脱节。我国农村相对落后，农业效益周期长，导致社会对农业的关注也不高。政府近些年虽然在不断加大投资力度，但由于历史欠账太多，以及现行教育体制方面的不足，农村基础教育整体水平依然较低且发展不平衡。因此，在农村人力资本水平偏低的情况下，很难打破农业生产观念保守的局面和提高先进农业技术的推广速度，农民也难以理解农业期货市场，而且一些农民信用度也不高，很多"订单农业"难以发展就是典型的例子。因此，农产品期货市场在我国很难快速推广，也就难以起到规避农业风险尤其是市场风险的作用。

第三，信息服务供给不足，难以进行有效的风险分摊与控制。就信息产品的公共属性而言，农民自身缺乏供给的积极性，此时，政府的外在推动作用就显得尤为必要。而在农业制度创新和信息供给方面，虽然近些年来政府一直在努力加强农业信息的提供，但农业制度创新方面进展缓慢，农业信息服务的有效供给仍然不足，目前主要是在天气预报方面做得较好一些，而其他方面就差强人意了。

在以上这些情况下，如果没有政府强有力的介入和干预，形成农业风险防范的矫正机制，低收入的农民常常会长期处于"贫困陷阱"之中，或者是处于"锁定落后"的状态。目前我国政府在应对农业风险方面是低效的，在很多方面依然存在诸多问题，因此，在应对农业风险方面我国也出现了"政府失灵"。

6.2 政府失灵的原因分析

我们必须首先对政府行为的根源进行研究，然后从根源出发寻求原因，否则我们不能理解为什么相关问题总是得不到合理的解决。现代制度经济学认为，维持一种无效率的制度安排和政府不能采取行动来消除制度不均衡都属于政策失败。政策失败的原因主要有：统治阶级的偏好和有界理性、意识形态刚性、官僚政治、集团利益冲突和社会科学知识的局限性[1]。在这几个原因中，意识形态刚性和社会科学知识的局限性应被剔除在外，因为无法应对农业风险并不是意识形态的问题，按照政府的意识形态，政府应该更好地为人民服务，做好广大农民的公仆；另外，也不是由于社会科学知识不足以让政府建立正确的制度安排。在应对农业风险问题上，理论界早已进行了相关的研究，但这些研究成果更多地停留于理论探讨的层面。我国应对农业风险的问题，似乎出现了温铁军（2003）所说的"非不能也，而不为也"现象。正因如此，笔者认为，在我国，政府的偏好和有界理性（即资源约束下的政府偏好）、农业制度创新的不足以及利益集团的影响（表现为农民利益集团的缺失），才是不能建立符合降低农业风险需要的制度安排的根本原因。

6.2.1 资源约束下的政府偏好行为

根据现代经济理论，从"经济人"的角度去思考政府的行为更具有现实意义。具有"经济人"特征的政府的行为有两个要点：第一，政府行为遵循自身福利或效用最大化的原则，为了实现福利或效用最大化，政府会不断地根据实际需要调整

---

[1] 张帆. 环境与自然资源经济学[M]. 上海：上海人民出版社，1998.

自身的行为；第二，与一般经济主体一样，政府也有多个需要实现的具体目标，不同时期这些目标组合也不同，目标组合不仅受到问题轻重缓急的影响，而且受到预算的约束①。可以这样认为，如果没有资源的约束，中央政府和地方政府是愿意为应对农业风险进行投资的，因为农业风险应对的低水平会导致一系列的"三农"问题，从而给政府带来许多麻烦。问题在于，相对于人类社会的无穷欲望而言，经济物品或者生产这些物品所需要的资源总是不足的。这种资源的相对有限性就是稀缺性，稀缺性是人类社会所有主体都不得不面对的一个问题，政府也不例外。

相对于政府的各种需要，其可支配的财政资源是有限的。如何分配有限的财政资源在很大程度上能够显示出政府的偏好。如图6-1所示，AB、CD、EF 均为政府支出的预算约束线，这三条不同的预算约束线显示了政府不同的偏好。AB 显示政府更愿意将财政资源用于非农业投资的其他方面，EF 显示政府愿意将财政资源用于规避农业风险的投资，CD 显示政府的偏好是中性的。总的来看，AB 更能显示出当前我国政府的预算约束线的总体特征。

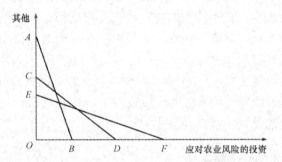

图 6-1　政府的选择：应对农业风险的投资还是其他？

在财政资源有限的情况下，为什么我国政府会有这种偏好呢？要解释这个问题，必须从政治、经济、历史等多个角度分析。在这一问题的解释上，北京大学林毅夫教授(1994)的观点颇具代表性。林毅夫认为，中华人民共和国成立以后，中国新政权的领导人面临着选择何种发展道路和管理体制组织经济建设，迅速实现强国富民的理想问题。由于受当时国际、国内的政治经济环境以及领导人经济理想的影响，政府选择了以优先发展重工业为目标的总体发展战略。然而，重工业作为资本密集型的产业所具有的基本特征，与我国当时的社会经济状况相冲突，优先发展重工业战略无法借助市场机制实现，解决办法就是做出适当的制度调整，对经济资源实行集中的计划配置和管理②。在这种背景下，资源必然被优先配置到

---

① 韦苇，杨卫军．农业的外部性及补偿研究[J]．西北大学学报(哲学社会科学版)，2004(1)：147—152．
② 林毅夫．关于制度变迁的经济学理论：诱致性制度变迁与强制性制度变迁．//[美]R·H·科斯，[美]A·阿尔钦，[美]D·诺斯，等．财产权利与制度变迁[M]．上海：上海三联书店，上海人民出版社，1994．

工业和城市，从而在一定程度上牺牲了农业和农村的发展，农业风险应对也受到了很大的限制。改革开放之后，中央的发展战略使得各级政府不断加强对 GDP 的追求，在不少地方，"发展才是硬道理"蜕变成"数量增长才是硬道理"。因此，尽管改革开放后我国所面临的国内、国际环境与中华人民共和国成立初期有很大不同，但是，由于受到政府可支配资源不足的约束，忽视农业投资的偏好却被保留下来了。

当一种偏好形成并以正式或非正式的制度安排的方式固定下来时，要对这种制度进行变更会面临种种困难。初始的制度选择会强化现存制度的刺激和惯性，因为沿着原有制度变迁的路径和既定方向前进，总比另辟蹊径要方便一些。纵观改革开放以来我国政府对农业的一系列政策，其偏好多年被"锁定"在唯工业化、城市化的状态，明显具有路径依赖性特征。政府的支出中，经济建设费至今仍占最主要的部分，政府对农业和农村的投资所占比重一直都增长缓慢；社会文教费开支所占比重则多年呈现徘徊状态，直至近几年才开始有所提高。而社会文教费中用于农村中小学教育的就更少了，长此以往，农村人力资本不能提高，不利于农民思想观念的改变、农业技术的推广和农业网络信息的供给。西奥多·舒尔茨（1964）更是明确指出，改造传统农业的根本出路在于对农民在教育等多个方面进行人力资本投资；盖尔·约翰逊（Gale Johnson）也认为，只有提高农民的教育水平和质量，才能改造传统农业[1]。显然，强化农村教育，加大财政投资势在必行。而由于政府可支配财政资源的有限性，以及对工业化和城市化的偏好，在应对农业风险上投入不足就成为必然。

6.2.2 农业制度创新不足

合理的农业制度创新可以为农民带来如下益处：①制度创新可以克服个人力量太小的局限，获得农业合作经营的额外收益；②制度创新可以克服有限理性的局限，切实保护农民的利益；③制度创新可以降低农业风险造成的损失，利用集体的力量来应对农业风险[2]。国外的经验已经充分证明这一点。但就我国政府的农业风险管理来看，现有的风险规避、化解制度未必都能够满足风险主体的需求。我国固有的农业风险源复杂多变、风险后果的不确定性因素多，而既有风险管理制度的功能不足，现代农业发展呼唤新制度的诞生。

农业风险防范制度创新能否实现，取决于制度创新带来的收益是否大于制度创新的成本。制度创新本身是需要成本的，如果制度创新的成本加上新制度运作

---

[1] ［美］D·盖尔·约翰逊. 经济发展中的农业、农村、农民问题[M]. 林毅夫，赵耀辉，译. 北京：商务印书馆，2004.

[2] 张杰. 国家的意愿、能力与区域发展政策的选择——兼论西部大开发的背景及其中的政治经济学[J]. 经济研究，2001（3）：69—74.

的成本之和大于新制度所产生的收益,那么理性的"经济人"——政府,可能就会维持现状不变;只有农业制度创新的成本加上新制度运作的成本之和小于新制度所产生的收益时,理性的"经济人"——政府,才会选择新的制度。但是作为理性"经济人"的政府的资源是有限的,不会拿出大量的财政投资到推广农业技术、培养农业技术人才、铺设农村信息网络等农村建设方面。因此,就会呈现出新制度供给上的不足、农业信息的不完全和信息的不对称,农业制度创新不能满足现代农业发展的需要,导致应对农业风险能力差。

6.2.3 农民利益集团的缺失

利益集团是市场经济发展到一定阶段必然出现的一种政治现象。中国自改革开放以来,社会经济、社会形态发生了翻天覆地的变化,转型时期的中国,社会利益结构也发生了深刻变化,新的利益阶层和集团逐步形成,并呈多元化态势发展,它们对整个社会生活的影响力日益增长。总的来说,国内目前的各类利益集团之间的实力对比悬殊,对社会影响各不相同[1]。

所谓利益集团,是指人们为实现共同的目标而结成的,旨在影响政府立法或决策的社会团体,简单来说就是那些为追求共同利益而采取一致行动的个人集合体,其行动绝大多数是通过各种方式影响政府决策过程,以保护或扩大自己的利益。这个概念有四方面的内涵:①其具有正式的、具体的组织形式;②其法律地位是社会团体,既非公民个人或公司企业,也非国家机构或政府部门;③其目标是政治性的,旨在影响政府的立法或决策;④其政治目标不同于政党,政党的目标在于直接掌握政权、组织或参与政府,而其目标仅限于通过各种方式影响政府的立法或决策。

就西方发达国家而言,利益集团在政治、经济、社会生活中发挥着重要的作用。在西方政治学中,利益集团又称压力集团,通常被定义为"那些具有共同的目标并试图对公共政策施加影响的个人或有组织的实体"[2]。因此,西方国家的农民利益集团就是农民为了实现共同的利益和目标而组成的,旨在影响政府立法或决策的社会团体。农民利益集团依照其具体的目标和功能可以分为两类:综合性的农民利益集团,一般声称代表所有农业生产者的利益;专业性的农民利益集团,一般是围绕某一种特定的农产品组织起来的。但是在西方发达国家,很多农民可能同时具有几个农民利益集团的身份。今天西方发达国家的农民大都选择通过各种各样的农民利益集团进行利益表达。而这种组织化的利益表达,不仅对保护农民利益是必要的,而且对于政府制定相关政策也是十分必要的,因此,很多农民

---

[1] 王永生. 论美国利益集团发展对我国的启示[J]. 学术界, 2008(2): 283-288.
[2] 林毅夫, 蔡昉, 李周. 中国的奇迹: 发展战略与经济改革[M]. 上海: 上海三联书店, 上海人民出版社, 2012.

利益集团的建立往往是受到各国政府的支持和鼓励的。

在西方发达国家,农民利益集团的力量有时是非常强大的。例如在美国,农场主利益集团的力量往往强大到可以左右国会和白宫的决策,如在中美关于中国加入 WTO 的谈判中,美国农场主利益集团执意要求中国开放农业市场,让其农产品进入中国。在日本,农民也具有较强的利益表达能力,在政治市场上处于优势地位。目前,日本农业人口不足全国总人口的 5%,但控制着全国 25% 的选票,并且有自己得力的团体——农协,从而迫使政府的决策必须顾及农民的要求,甚至使日本在农产品国际贸易自由化的潮流中陷入了尴尬的境地[①]。在这些国家,农民(业)利益集团的存在有力地维护了农民(业)的利益,农业风险防范机制的建设根本就不是问题。

在我国,农民显然没有自己的利益集团,农民利益集团的缺失使得农民应有的权利得不到保证,政府在应对农业风险方面的投资不足就是一个明显的例证。我国农民利益集团无法形成有两方面的原因。一是农民人数太多。根据美国经济学家奥尔森的解释,集团越大,增进集团利益的个人在总收益中占有的利益份额就越小,他们从集体物品中获得的收益就越不足以补偿他们为集体物品所付出的成本;而且集团成员数量越大,组织成本就越高,因而为获得集体物品所要跨越的障碍就会越大[②]。二是利益集团的组织者匮乏。利益集团的组织者在美国学者罗伯特·萨利兹伯里的政治企业家模型中被称为"政治企业家",这种"政治企业家"一方面愿意为集体行动负担所必要的成本;另一方面则期望从集体行动中获得利润或利益,这种利润或利益可以是物质性的,也可以是成就感、声望、名誉等非物质性的。"政治企业家"在集团的形成和有效行动方面特别重要,因为他们拥有一定的解决其单个成员"逃票乘车"问题的能力[③]。但是,以下几点原因使得我国农村"政治企业家"十分匮乏:①我国农民人数过多,而且农民是一个观念相对保守、政治意识淡漠的群体,组织成本过高会使得潜在的"政治企业家"望而却步;②长期以来,人力资本投资——教育的"离农特征",使得农村的优秀人才被源源不断地输送到城市,身份的转变使他们成为农民集团的"政治企业家"的可能性大大降低;③现阶段国家的农业制度似乎并不鼓励这样的人才发挥应有的作用。正是由于以上原因,我国的农民尽管人数最多,却没有形成能维护自身利益的集团,作为一个群体,他们成了"被遗忘的集团",或者可称为"忍气吞声的集团"。这种集团是没有游说疏通团体,而且也不采取任何行动的无组织集团。

然而,在农民利益集团缺失的同时,其他掌握着巨大资源、有着明确利益诉

[①] [美]R·H·科斯,[美]A·阿尔钦,[美]D·诺斯,等.财产权利与制度变迁[M].上海:上海三联书店,上海人民出版社,1994.

[②] 方福前.公共选择理论:政治的经济学[M].北京:中国人民大学出版社,2000.

[③] [美]曼瑟尔·奥尔森.集体行动的逻辑[M].陈郁,郭宇峰,李崇新,译.上海:上海三联书店,上海人民出版社,1995.

求的"利益集团",却已日趋明朗化且数量越来越多。当前对政治、经济、生活有影响的既有行业利益集团、部门利益集团、地区利益集团,也有由特殊利益凝结而成的利益集团。为了实现自身利益,这些利益集团经常努力去影响决策者、研究者和公共舆论,其经济权、话语权及谈判能力成为影响社会发展进程的重要因素,它们的目标都是从政府那里寻求尽可能多的优惠政策、投资项目和财政拨款。近年来,政府的费改税、房地产调控、弱化垄断产业、药品降价等重大改革迟迟不能取得理想的结果,根源就在于"利益集团"的阻挠。因此,在我国各级政府的决策过程中,当其他各种利益集团在努力争取利益的时候,很难看到农民利益集团的代表。

国内外的经验也证明,如果农民拥有强有力的利益集团,农民利益就可以得到有力的维护,而当农民没有利益集团时,农民就没有对政策制定者施加压力的手段与途径,立法者和政策制定者也感受不到来自农民利益集团的压力,这样制定出来的农业制度就很难考虑到农民的利益,或者即使有制度倾向也得不到认真执行。从几十年的农业政策演变及其经济后果来看,缺少一个反映农民利益的、平衡的政治结构,是许多损害农民利益进而损害全社会利益的政策轻易出台的重要原因[1]。改革开放以来,政府在投资"三农"问题方面的失灵——农村中小学教育多年的"有名无实"、应对农业风险投资的不足、农业制度和信息供给的缺失、农业公共产品(灌溉设施、信息网络)的匮乏、农民自由迁徙权利的不完全等,无不与农民利益集团的缺失有关。

6.3 小结

通过分析可以看出,当政府能够给农村提供基础教育、农业保险补贴、创新农业风险的新制度和完全对称的农业信息等这些公共产品时,这些公共产品也会承担起农业保险的功能。这种功能又会反过来刺激农业风险损害的主体——农民个人进行应对农业风险的投资。由于我国资源约束下的政府偏好、规避农业风险制度的滞后、农业信息传输网络结构的不健全,政府投资行为偏废于农业发展,再加上利益集团的影响,致使我国应对农业风险的机制发展缓慢。所以,政府有必要对此进行变革,改变我国农业风险防范的现状,形成应对农业风险的机制,使农民收入持续稳定提高,保障农村的持续发展。

---

[1] 李成贵. 国家、利益集团与"三农"困境[J]. 经济社会体制比较, 2004(5): 57—66.

第7章 保险公司介入农业风险的行为分析

在面临系统性农业风险的时候,农民非正规规避风险的渠道往往容易失效,而保险作为一种分散风险的正式组织形式,则可以在更大范围内实现风险的分散。农业保险作为应对农业风险的重要策略和市场经济条件下发展现代农业的重要支柱,也是世贸组织允许的支持农业的"绿箱"政策之一,世界各国普遍重视和大力发展农业保险。然而,我国农业保险低保额、低收费、低保障和高风险、高成本、高赔付的特性,使其经营陷入了恶性循环:经营农业保险的保险公司往往亏损;越是亏损,保险公司就越是要提高费率;而费率提高后,农民又无力投保,遇到灾害时遭受的损失也就越大,就越没有能力投保,农业保险业务急剧萎缩,陷入了"有效供需短缺"的严重的市场失灵境地,农业保险一直处于低水平状态。单一性的农业保险模式已无法真正保障中国复杂而多变的农业风险。矫正供需失灵的关键在于降低交易成本,突出农业保险的正外部性,加大政府对农业保险供需双方的政策支持和财政补贴,从而激活农业保险市场。保险作为一种重要的风险防范机制,应该在支持农业发展上有所贡献,切实为我国农业发展保驾护航。

7.1 农业保险发展的现状

2012年的《农业保险条例》第二条规定:"本条例所称农业保险,是指保险机构根据农业保险合同,对被保险人在种植业、林业、畜牧业和渔业生产中因保险标的遭受约定的自然灾害、意外事故、疫病、疾病等保险事故所造成的财产损失,承担赔偿保险金责任的保险活动。"

农业保险是市场经济国家扶持农业发展的通行做法。通过政策性农业保险,可以在世贸组织规则允许的范围内,代替直接补贴对我国农业实施合理有效的保护,减少自然灾害对农业生产的影响,稳定农民收入,促进农业和农村经济的发展。在我国,农业保险又是解决"三农"问题的重要组成部分。但是,多年来,我国农业保险一直处于三难境地——"农民买不起、政府补不起、保险公司赔不起",

农业保险的有效供给和农民有效需求都不足。较为典型的理论认为农业保险市场处于"供需双冷"状态(冯文丽，2004)①，这种"供需双冷"状态实际是一种供给和需求都不足的低水平均衡状态。我国农业保险的低水平均衡状态，主要可以从以下几方面来说明。

7.1.1　农业保险费收入及占财产保险费收入的比例偏低

自2004年开始，我国中央政府决意要试行新的政策性农业保险制度，中央和地方政府也加大了政府财政在农业保险领域的保费补贴支持力度。但是，与不断自然增长的财产保险费收入提高速度相比，农业保险费收入的增长速度明显落后，而且农业保费收入占财产保险费收入的比重也一直偏低。从图7-1、表7-1中可以清楚地看到，2006年前，每年农业保险费收入不足10亿元，占财产保险费比重不足1%；从2007年开始，农业保险费收入才开始增长，但直至2016年，最高才达到417.7亿元，其间上下波动还较大，而2013年其占财产保险费比重最高，也仅为4.73%而已。相比较而言，人寿保险费收入却一直较高，并且持续上涨。此外，从图7-2可以看到，财产保险公司农业保险赔款及给付几乎都可以忽略不计，由此可见，我国农业保险的发展水平多么落后。

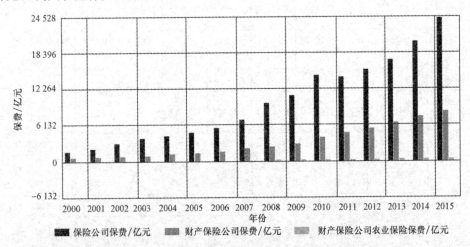

图 7-1　我国 2000—2015 年农业保险费收入与财险保费收入对比情况
(资料来源：根据历年《中国统计年鉴》数据整理、计算所得。)

---

① 冯文丽. 我国农业保险市场失灵与制度供给[J]. 金融研究，2004(4)：124—129.

表 7-1 保险公司业务经济技术指标　　　　单位：亿元

项目	2002年		2003年		2004年		2005年		2006年	
	保费	赔款及给付	保费	赔款及给付	保费	赔款及给付	保费	赔款及给付	保费	赔款及给付
合计	3 054	707	3 880	841	4 318	1 004	4 932	1 137	5 640	1 438
财产保险公司	780	403	869	476	1 125	579	1 283	691	1 579	825
农业保险	5	4	5	3	4	3	7	6	8	6
农业保险占比	0.64%	0.99%	0.58%	0.63%	0.36%	0.52%	0.55%	0.87%	0.51%	0.73%
人寿保险公司	2 274	304	3 011	365	3 194	426	3 649	446	4 061	614

项目	2007年		2008年		2009年		2010年		2011年	
	保费	赔款及给付	保费	赔款及给付	保费	赔款及给付	保费	赔款及给付	保费	赔款及给付
合计	7 036	2 265	9 784.2	2 971.2	11 137.3	3 125.5	14 528.0	3 200.4	14 339.3	3 929.4
财产保险公司	2 087	1 064	2 446.3	1 475.5	2 992.9	1 638.5	4 026.9	1815.2	4 779.1	2 249.2
农业保险	53	30	110.7	64.1	133.9	95.5	135.9	96.0	174.0	81.8
农业保险占比	2.54%	2.82%	4.53%	4.34%	4.47%	5.81%	3.37%	5.29%	3.64%	3.64%
人寿保险公司	4 949	1 201	7 338.0	1 495.7	8 144.4	1 487.3	10 501.1	1 385.2	9 560.2	1 680.2

项目	2012年		2013年		2014年		2015年		2016年	
	保费	赔款及给付	保费	赔款及给付	保费	赔款及给付	保费	赔款及给付	保费	赔款及给付
合计	15 487.9	4 716.3	17 222.2	6 212.9	20 234.8	7 216.2	24 282.5	8 674.1	30 959.0	10 513.0
财产保险公司	5 529.9	2 896.9	6 481.2	3 556.2	7 544.4	3 968.3	8 423.3	4 448.3	9 266.2	4 726.0
农业保险	240.6	131.3	306.6	194.9	325.8	205.8	374.9	237.1	417.7	299.2
农业保险占比	4.35%	4.53%	4.73%	5.47%	4.32%	5.19%	4.45%	5.33%	4.51%	6.33%
人寿保险公司	9 958.1	1 819.4	10 741.1	2 656.7	12 690.4	3 247.9	15 859.3	4 225.8	21 692.8	4 603.0

注：1. 本表人寿保险公司中包括中华控股寿险业务。

2. 2016年数据来自《中华人民共和国2016年国民经济和社会发展统计公报》和中国保险监督管理委员会《2016年保险统计数据报告》。

第7章 保险公司介入农业风险的行为分析

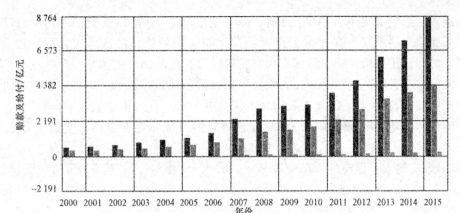

图 7-2 我国 2000—2015 年财产保险公司农业保险赔款及给付情况

实际上,从 1998 年以后,随着人保公司改革的深入和财政体制的变化,地方各级财政支持减少,加之农业保险的非营利性,我国农业保险就出现了停滞和萎缩。特别是 2000 年到 2004 年,全国农业保险呈迅速萎缩态势,保费收入逐年下降,且都没有超过 5 亿元,发展面临前所未有的困境。从 2005 年开始农业保险才逐年缓慢增加,2007 年开始,增加幅度才逐渐变大。2016 年,原中国保监会副主席陈文辉在"第五届风险管理与农业发展论坛"暨"保险+期货"专题座谈会上,介绍近年来保险行业在服务"三农"方面取得的成效时说:"近年来,我国农业保险开办区域已覆盖全国所有省份,承保农作物品种达到 189 个,基本覆盖农、林、牧、渔各个领域。农业保险提供风险保障 1.96 万亿元,约占农业生产总值的 32.3%,农业保险赔款支出 260.1 亿元,约占农作物直接经济损失的 9.6%,是国家农业灾害救助资金的 7 倍。价格保险试点已扩展至 31 个省份,承保品种涵盖生猪、蔬菜、主要粮食作物和地方特色农产品等 4 大类近 50 个品种[①]。"

7.1.2 我国农业保险发展依然存在一些问题

虽然我国农业保险近年来的发展取得了一定的成绩,但仍然存在一些问题。

(1)功能定位不高,影响农业风险的防范。目前,我国农业保险在农业风险应对中还只是起到辅助作用,还没有成为我国农业风险应对的主要方式。在我国广大农村,农民的非正规规避机制以及政府的自然灾害救助方式还是农业风险应对的主要方式。农业保险在农村中缺乏影响力,农民对其缺乏足够的认识,而且农民向保险公司索赔时手续烦琐、理赔时间长,农民对保险公司不信任等,这都在很大程度上影响了农民参保的积极性。

(2)农业保险品种少,保障程度不足。我国目前的农业保险主要保障的有农作

---

① 贾泽娟. 创新机制应对农业风险[N]. 农村金融时报,2016-11-14(B6).

物、疏菜、生猪、奶牛、耕牛、山羊、鱼、鹿、鸭、鸡等农产品保险,虾、蚌等海产品保险,稻麦场、森林火灾保险,具体如烤烟种植、西瓜雹灾、香梨收获、小麦冻害、棉花种植、棉田地膜覆盖雹灾等保险。且我国目前主要开办的是"保成本"和"保自然风险"的农业保险品种(如玉米保险的保险金额为400元/亩,主要保障自然风险),农业收入保险在我国基本未开办,农产品价格指数保险也处于理论探讨阶段。国外很多发达国家农业保险的种类多且保障程度也高,例如,美国农业收入保险约占美国农业保险规模的83%。

(3)政府对农业保险的补贴力度不大。2004年"一号文件"《关于促进农民增加收入若干政策的意见》提出,"加快建立政策性农业保险制度,选择部分产品和部分地区率先试点,有条件的地方可对参加种养业保险的农民给予一定的保费补贴"。而我国中央财政农业保险保费补贴比例较为单一且补贴较低,不论农民投保意愿高低,实行同一比例的补贴政策。而一些发达国家却不是这样。例如,美国将农业保险作为最重要的农业支持和农民收入增长政策之一,对基本的巨灾保险保费实行政府全额补贴,且实行半强制,农场主只有加入该计划才能享受其他农业政策支持;对于其他农业保险产品,农场主需要保障的风险程度越高,其自行承担的保费比例就越高。美国联邦政府每年安排相当于约500亿元人民币用于农业保险补贴。

(4)农业保险管理体制及经营模式不够完善。一方面,我国农业保险实行分散的管理体制,农业保险职责分散在各个部门,没有一个统一的主要管理机构。另一方面,虽然中央很重视发展政策性农业保险,相关业务已经在全国各地区展开,但是我国政策性农业保险的经营模式还是将相关业务委托给商业性保险公司,政府给予一定的补贴。由于我国农村地区地域辽阔,农业生产情况差异大,政策性农业保险的经营模式在发展过程中需要继续完善。例如,可以由政府成立非营利性的政策性农业保险公司,统一进行农业保险的产品设计、管理和经营,建立政府主导和管理、市场化经营的政策性农业保险经营模式,对重点农产品进行统保;各级地方政府可在烤烟、林木、茶叶、蔬菜、水产养殖等当地的优势特色产业上开展统保试点。

从以上分析可以看出,我国农业保险的发展还存在很多问题,而且明显处于低水平均衡的状态,农业保险供需呈现出不足的状况,那么,原因何在呢?

7.2 农业保险供需不足的原因

我国农业保险目前面临着有效供给和有效需求的双重制约:一方面,农业保险市场潜力巨大,保险经营者希望加快发展,但由于系统性风险大、信息不对称以及承保、定损、理赔技术等交易成本过高,赔付率居高不下,面对这些高昂的交易费用，承保能力显得十分不足，保险经营者想赔又赔不起；另一方面，农民经济收入有限，对保险有需求，但购买能力低下，想买农业保险却买不起。而作为宏观调控的主体——政府，其资源约束下的偏好行为又增加了供需双方的交易成本。

从供给方面来看，由于农业保险风险大、技术复杂，信息不对称的两种主要形式——"逆向选择"和"道德风险"普遍存在于农业保险市场之中。"逆向选择"出现在投保人投保时故意不全部告知自己的风险信息，保险人按照平均风险情况制定出保险价格，会导致高风险的投保人拥有更高的购买意愿，而低风险的投保人却因保险费率过高而被"排挤出"农业保险市场。"道德风险"是指农业保险合同签订后，投保人即被保险人阻止损失发生的动机就会大大降低，从而导致保险公司赔付的增加。可见，不管是"逆向选择"还是"道德风险"问题，只要存在信息不对称，都会降低保险人供给农业保险的意愿，这将有损农业保险市场的发展。因而，商业保险公司在农村保险业务的开展上积极性低，使农民缺乏对商业保险的了解，而且开发的适合农民的保险商品也不多。在这个问题上，笔者认为，农业保险的供需实际上在农业保险经营者、政府、农民之间形成了一种契约关系，这种契约关系可以理解为一种交易关系。既然农业保险是一项供需双方的交易，自然会产生各种交易费用。目前，农业保险的交易费用主要包括三个方面：①各类保险公司供给农业保险所产生的交易费用；②农民"消费"（需求）农业保险而承担高额的购保费用；③由于政府原因所产生的制度和非制度化费用。

7.2.1 农业保险公司承担了过高的交易费用

目前，农业保险的承保者承担的成本主要包括制订契约、收集信息、规定交易双方的权利和责任等所花费的高额成本。之所以说农业保险的供给方为这项交易承担了过高的成本，主要是因为：

首先，高赔付额和高赔付率使交易费用大幅提升。从表7-2可以看出，2002年以来，我国农业保险赔付率始终处于高水平，基本都在60%~70%，赔付率最低的2011年也达到了47%，最高的2005年赔付率为86%，这意味着所收的保费大部分成为赔给农民的赔付额；而同期，保险的整体赔付率基本保持在30%左右，财产保险总体赔付率在50%左右，人寿保险赔付率更低，大多数年份不到20%，最高也不过27%。实际上，我国农业保险经营基本上一直处于亏损状态。而同期企业财产保险、家庭财产保险、运输工具及责任保险等险种赔付率都在保险界公认的70%的临界点以下，农业保险显然是各险种中赔付率最高的险种[1]。因此背负高额费用的保险公司对经营农业保险缺乏积极性，导致了农业保险供给不足。

其次，交易过程中的技术成本过高。目前我国农业保险基础设施不够完善，

---

[1] 孙璐. 我国农业保险的难点和发展模式[J]. 统计与决策, 2005(14): 110-111.

表 7-2 2002—2016 年我国农业保险保费收入及赔付表

项目	2002 年 保费/亿元	赔款及给付/亿元	赔付率/%	2003 年 保费/亿元	赔款及给付/亿元	赔付率/%	2004 年 保费/亿元	赔款及给付/亿元	赔付率/%	2005 年 保费/亿元	赔款及给付/亿元	赔付率/%	2006 年 保费/亿元	赔款及给付/亿元	赔付率/%
合计	3 054	707	23	3 880	841	22	4 318	1 004	23	4 932	1 137	23	5 640	1 438	26
财产保险公司	780	403	52	869	476	55	1 125	579	51	1 283	691	54	1 579	825	52
农业保险	5	4	80	5	3	74	4	3	75	7	6	86	8	6	70
人寿保险公司	2 274	304	13	3 011	365	12	3 194	426	13	3 649	446	12	4 061	614	15

项目	2007 年 保费/亿元	赔款及给付/亿元	赔付率/%	2008 年 保费/亿元	赔款及给付/亿元	赔付率/%	2009 年 保费/亿元	赔款及给付/亿元	赔付率/%	2010 年 保费/亿元	赔款及给付/亿元	赔付率/%	2011 年 保费/亿元	赔款及给付/亿元	赔付率/%
合计	7 036	2 265	32	9 784.2	2 971.2	30	11 137.3	3 125.5	28	14 528.0	3 200.4	22	14 339.3	3 929.4	27
财产保险公司	2 087	1 064	51	2 446.3	1 475.5	60	2 992.9	1 638.2	55	4 026.9	1 815.2	45	4 779.1	2 249.2	47
农业保险	53	30	56	110.7	64.1	58	133.9	95.2	71	135.9	96.0	71	174.0	81.8	47
人寿保险公司	4 949	1 201	24	7 338.0	1 495.7	20	8 144.4	1 487.3	18	10 501.1	1 385.2	13	9 560.2	1 680.2	18

项目	2012 年 保费/亿元	赔款及给付/亿元	赔付率/%	2013 年 保费/亿元	赔款及给付/亿元	赔付率/%	2014 年 保费/亿元	赔款及给付/亿元	赔付率/%	2015 年 保费/亿元	赔款及给付/亿元	赔付率/%	2016 年 保费/亿元	赔款及给付/亿元	赔付率/%
合计	15 487.9	4 716.3	30	17 222.2	6 212.9	36	20 234.8	7 216.2	36	24 282.5	8 674.1	36	30 959.0	10 513.0	34
财产保险公司	5 529.9	2 896.9	52	6 481.2	3 556.2	55	7 544.4	3 968.3	53	8 423.3	4 448.3	53	9 266.2	4 726.0	51
农业保险	240.6	131.3	55	306.6	194.9	64	325.8	205.8	63	374.9	237.1	63	417.7	299.2	71.6
人寿保险公司	9 958.1	1 819.4	18	10 741.1	2 656.7	25	12 690.4	3 247.9	26	15 859.3	4 225.8	27	21 692.8	4 603.0	21

注：1. 本表人寿保险公司中包括中华控股寿险业务。
2. 2016 年数据来自《中华人民共和国 2016 年国民经济和社会发展统计公报》。中国保险监督管理委员会《2016 年保险统计数据报告》，经整理得出

如保险信息系统、科技支撑服务体系、费用结算支付体系等都不够健全，而且采用的新技术也有限。但是，由于农业生产的特殊性，经营农业保险需要一定的技术。一方面，农业保险的费率难以厘定且成本高。我国农村范围广，农业生产受季节等因素影响较大，农业灾害在各年间分布差异更大，而保险费率厘定的一个基本原则就是要以风险的长期平均损失率作为基础，但有关农作物产量和损失相关的数据和资料难以收集且成本太高，这就给农业保险的费率厘定带来难度。另一方面，农业保险责任也难以确定。保险经营的原则之一就是风险的一致性，即合理确定不同地区不同条件下的保险责任，否则，难以从技术上防止"逆向选择"。要准确反映这些差异，就必须进行农业保险区划，但农业保险区划需要较高的费用成本，单凭个别保险公司难以承担[①]。

再次，交易频率过大导致了过高的交易成本。由于我国农业保险机构的保险供给基层网络体系和功能不健全，保险机构需要倚重乡（镇）、村干部的协助，但是保险机构与乡（镇）、村干部之间保险代理、奖励或报酬机制不够完善，所以，现阶段我国农业保险市场的交易，大多数是以每个保险公司逐一与单个农民家庭进行沟通、谈判进而达成协议的模式来进行的。在这种交易模式下，假设：

(1)存在 x 个农民、y 个保险公司；
(2)每家保险公司都相当积极地去开展业务；

那么，其交易频率可用图7-3来表示（F_x 代表农民，S_y 代表保险公司）。

如图7-3所示，在这种模式下，农业保险市场的交易频率可表示为 $x \times y$，x 值越大，交易频率就越大。在我国农业耕地层次分布不均的情况下，x 值几近全国统计农民数，在我国这样一个农业大国，约有1.5亿个农民家庭，农民的数量是相当巨大的。对农业保险公司而言，如此之高的交易频率就意味着高交易成本，包括交通费用、通信费用、工作人员工资等，显而易见，这些费用与交易频率成绝对的正相关关系。

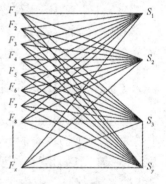

图7-3　农业保险市场的交易频率情况模式

最后，农业保险的风险分散成本过高。农业保险的风险单位很大，如水灾、旱灾、台风等农业风险，常常使数个地区或数个省甚至数个国家成为一个风险单位。因此农业保险的展业宣传、承保签约、查勘定损、理赔兑现等业务工作在时间上比较集中、在地域上比较广阔、工作强度和难度都很大。这必然使农业保险的经营者花费比其他各种保险更多的人力、物力和财力，进而又增加了农业保险供给的交易费用。保险的风险分散机制根本发挥不了作用，自然出现保险供给不足的情况。

---

① 庹国柱，丁少群．论农作物保险区划及其理论依据[J]．当代经济科学，1994(03)：64－69＋41．

7.2.2 农民消费(需求)农业保险的费用过高

目前,我国农民在消费(需求)农业保险时,需要直接承担较高的交易费用。农民消费(需求)农业保险的交易费用主要包括:

(1)交易前的信息成本。交易前的信息成本是农民搜寻农业保险信息和了解市场价格的成本。对普通农民而言,因地域、科技、知识水平等因素的限制,再加上信息的缺陷,搜寻农业保险信息的成本是相当高的,主要包括交通费、通信费甚至请客吃饭等间接费用以及购买报纸、上网等直接费用,而得到的结果往往又难以令人满意。农民在搜寻农业保险信息时耗费的时间与精力越多,信息成本则越高。

(2)交易时的高保费。这部分是农民承担费用的主要部分。农业保险赔付率高,保费率自然也较其他险种高出很多。而作为农业保险的需求主体——农民,其收入水平较低,国家的补贴又相对较少,因此购保费通常占到农民人均收入的3%~20%,对农民来说显然这是一笔不小的交易费用。

(3)交易后的执行成本。由于赔付农业保险的特殊性,执行赔付保险时制度上的缺失和非制度因素的存在,作为弱势群体的农民,很难如数拿到赔偿金,即使能拿到赔偿金也需要付出很多的时间和精力,其利益不能得到应有的保护,无形中间接增加了农民的交易成本。

7.2.3 农民在农业保险治理结构中缺位状况较严重

一直以来,农业保险虽然事关农民,但由于农民本质上缺乏需求,农业保险很大程度上成了政府的"需求"。这样,农民作为被"虚置"的主体,成为农业保险治理结构中"沉默与被动"的绝大多数。很多调查研究也发现,不少农民虽然参加了农业保险,但由于知识欠缺等多方面的原因,对于农业保险表现漠然,对保障内容、条款等知之甚少。目前,农业保险围绕财政补贴资金分配的"自上而下"的制度安排,使得政府与公司成为主导,特别是政府天然成为农民的代言人,成为事实上的需求主体,而农民参与程度则变得很低,从而使得政府、公司、农民之间缺乏利益制衡与协调机制。建立普惠性、政策性的农业保险体系后,有可能进一步淡化农民在农业保险治理结构中的角色。而且政策性农业保险与农民面临的农业风险存在脱节现象,中央补贴型的政策性保险覆盖的农产品与地方性农业生产特性、农业生产结构不能完全匹配。显然,这种"高高在上"的制度安排很难真正满足农民的需求,也很难对农民的合理诉求及时响应。如果农业保险制度的三个主体——政府、公司、农民之间出现利益失衡,就会导致制度操作偏离预定的目标,长期偏离目标的操作就会颠覆制度本身。这种危险的苗头事实上已经出现,在个别地方,农业保险一定程度上已经异化为"权力寻租"的工具。

7.2.4 政府职能的错位增加了交易费用

现代经济学理论认为，政府的行为从理性"经济人"的角度思考更具现实意义。具有理性"经济人"特征的政府，其行为遵循自身福利或效用最大化的原则。为了实现福利或效用最大化，政府会不断地根据需要调整行为。因此，政府通常偏好一些投资少、见效快的领域或项目，而将投资大、周期长、收益慢、不确定因素多的农业项目排在投资偏好序列的靠后位置。因此，政府职能（特别是地方政府职能）的错位行为也是导致农业保险供需双方交易费用增高的一个宏观因素。一方面，计划经济遗留下来的政府审批程序繁杂以及"政出多头"等情况，增加了搜寻成本、监督成本、协调成本等制度化成本，并进而衍生出额外的时间成本、货币成本等交易费用。另一方面，当政府规模过大、对经济的干预过多而对官员又缺乏有效的约束时，极易形成"贿赂成本"等非制度化成本，这主要是政府官员利用自己所掌握的信息和权力等资源，通过设租以及索取回扣等非制度化的交易行为，为个别交易者谋利而降低个别交易费用，但会增加整个社会的交易费用，从而降低了供需双方的运行效率[①]。

上述行为倾向会导致"恶性循环"的出现（图 7-4）。农民投保农业风险越高，赔付率就越高，从而保险经营者越趋向于提高保费率，对冲自身交易费用的增加，但无形中增加了农民的交易成本；再加上政府制度化和非制度化产生的间接交易成本，致使我国农业保险业务停滞不前，陷入了"低水平均衡"的严重市场失灵境地[②]。

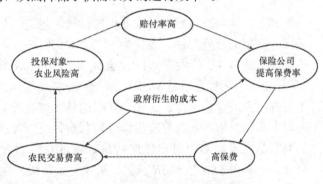

图 7-4 农业保险供需"恶性循环"

7.3 农业保险的经济学分析

农业保险可以说是一种具有正外部性的准公共产品。因此，对农业保险从经济学角度进行分析，有助于解决我国农业保险供需两方面的难题。

7.3.1 农业保险供给与需求的经济学分析

首先，从经济学的角度对农民消费农业保险的正外部性和需求不足进行分析。

---

① 谢红苗，武建奇.影响中国交易费用的因素分析[J].经济与管理，2009(6)：25—28.
② 杨卫军，郭晨阳.农业保险的低水平均衡：交易费用及外部性视角的分析[J].农村经济，2010(1)：47—49.

如图 7-5 所示，农民投保后，农业保险的一部分利益由农民直接享有，但另一部分利益由全体社会成员享有，农民的边际私人收益 MPR 小于边际社会收益 MSR，即 $MPR<MSR$。在政府没有补贴的情况下，农民将承担购买农业保险的全部交易费用，其边际私人成本 MPC 将大于边际社会成本 MSC，即 $MPC>MSC$，由此，产生了农民购买保险

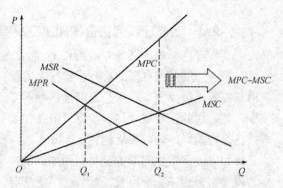

图 7-5　农业保险供、需的正外部性与不足

方面的正外部效应 $MPC-MSC$。农民和社会分别按照边际成本等于边际收益的原则来确定农业保险的需求均衡量，分别为 Q_1 和 Q_2，结果必然是农民对农业保险的私人需求量小于社会需求量，即 $Q_1<Q_2$，进一步验证了农业保险的有效需求不足。

其次，从保险经营者的农业保险供给不足进行分析。由图 7-5 也可以看出，农业保险产生的正外部性，表现为 $MPC-MSC$ 部分，农业保险机构提供农业保险的边际私人成本 MPC 大于边际社会成本 MSC，即 $MPC>MSC$；而边际私人收益 MPR 小于边际社会收益 MSR，即 $MPR<MSR$。由于农业存在系统性风险、信息不对称以及展业、承保、定损、理赔的技术难度高，经营农业保险交易成本较高，再加上高赔付率，农业保险机构亏损严重，经营者边际收益 MPR 很小。而代表社会利益的政府却不用付出任何代价，就可获得农业保险带来的社会福利 $MPC-MSC$，边际社会收益 MSR 较大。可见，保险机构提供农业保险时，承担了本应由政府承担的社会成本，正外部性 $MPC-MSC$ 由此产生。其决定的农业保险供给量分别为 Q_1 和 Q_2，可以看出由农业保险提供者所决定的产量 Q_1 小于正外部效应 MSR 下应达到的产量 Q_2，即 $Q_1<Q_2$，显示出保险公司农业保险的供给不足。

7.3.2　政府补贴农业保险的经济学分析

根据经济学原理，政府应该对具有正外部性的事业进行补偿，以保证其顺利进行。农业保险供、需中的正外部性特征，决定了农业保险经营和运作离不开政府的支持，政府应通过"财、政"两种手段对农业保险实施政策性补贴，对保险经营主体的管理费和亏损等交易费用给予补贴和政策扶持，同时也要对农民提供保费补贴和政策支持。从公共经济学的角度讲，财政对农业保险补贴，不仅可以弥补其外部性成本，而且能够促进农业保险有效供给与有效需求的同步增长，这一点可以通过图 7-6 清楚地表现出来。

在没有保费补贴和政策支持条件下，农民对农业保险的购买受交易前、中、后费用的约束，因此，农民对农业保险的需求较低，在图 7-6 中对应的需求曲线是

D。保险公司根据其经营农业保险的交易费用和利润所确定的供给曲线是S,在这种条件下两条曲线很难相交,又一次验证了农业保险市场的失灵。假如政府财政为农民提供一定的保费补贴,使农民实际支付的交易费用降低,其农业保险需求将增加,需求曲线将向右上方平行移动到D_1,此时需求曲线和供给曲线相交于E_1点,成交数量为Q_1;政府如果再给保险经营者补贴经营管理费和政策性亏损等各种交易费用,农业保险供给将会增加,供给曲线S将向右下方平行移动到S_1,此时农业保险的需求曲线D_1、供给曲线S_1会相交于E_2点,成交数量扩大到Q_2,大大增强了农业保险供需市场的活力[①]。

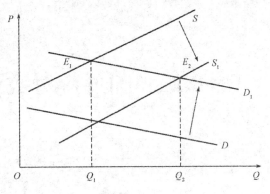

图 7-6 政府补贴农业保险的效应

由此可见,政府对农业保险的财政补贴不仅符合其正外部性的特性,而且是降低供、需双方交易费用的有效手段,更是促进农业保险有效供给与有效需求同步增长的有效政策。

7.4 小结

在当前形势下,农业保险作为国际上重要的非价格农业保护工具,在促进农民保收、增收及农业发展方面具有重要的作用。WTO谈判乌拉圭回合所形成的农业协议中,农业保险支持计划在一定条件下被认为是"绿箱"政策,被排除在减免承诺之外,因此,农业保险在世界各地得到了迅速的发展。目前,已有100多个国家开展了农业保险补贴项目,通过农业保险补贴为农民提供支持日益流行。在美国,农业保险补贴已经成为最主要的农业补贴项目,美国保险的政府补贴率从1980年的20%提高到2015年的62%左右。加入世界贸易组织十几年之后,我国农业补贴政策也需要更加重视农产品国际贸易的"绿箱"和"黄箱"政策,改变原有的高补贴政策支持方式,使得支农政策长期可持续化[②]。而且农业保险又具有一定的正外部性,为了更好地促进农业保险的发展,为我国农业的可持续发展、农民的持续性增收提供有力保障,政府应该对农业保险经营者和农民提供一定的支持和补贴。当前的国内外形势,也对我国农业保险供给侧改革提出更高的要求。

---

① 费友海. 我国农业保险发展困境的深层根源——基于福利经济学角度的分析[J]. 金融研究,2005(3):133-134.

② 吴本健,马九杰. 以政策性农业保险促进农民脱贫增收[N]. 光明日报,2017-07-18(11).

第8章 国外应对农业风险的经验与启示

农业是世界多数国家优先保护的产业,针对农业风险的不同影响,应采取不同的应对措施。而且,应对措施本身也分为不同的层次和类型,有的措施可以降低自然灾害发生的可能性,有的措施可以减轻灾害造成的损失,有的措施则可以在灾害发生后给予受灾对象以援助。上述不同的措施综合在一起,就构成了一个系统性的应对体系,实际上就是一个风险防范及管理体系。目前,以欧美为代表的发达国家和地区一般已经建立了个体防范、政府补贴、商业保险与社会保障相结合的比较完备的农业风险防范及管理体系。其中政府对农业保险的介入在农业风险应对体系中起到了重要的指导性作用。国外政府介入农业风险主要有以下三条路径:一是财政补贴的农业保险制度;二是农民利益集团制度;三是政府提供信息服务。政府拿出大量资金投入农业,其中大部分是以直接补贴的方式给予农民。通过补贴,使农业生产降低了风险损失,提高了农产品在国际市场上的竞争力。

同发达国家相比,我国在农业风险的防范及管理方面还存在严重不足。我国农业风险的防范过多地依赖以农民为主的传统防护模式,政府和商业保险公司的介入相对不足。国内外的经验和教训说明,仅仅依靠农民自主的风险管理应对农业风险是不够的。因此,有必要对国外农业风险防范及管理进行总结,他们所形成的模式和积累的经验,对于完善我国农业风险应对及风险管理具有十分重要的启发和借鉴意义。

自 1971 年德国最早设立农业保险机构以来,已有 40 多个国家开展了农业保险实践,而且不同国家和地区的开展形式不尽相同。本章将主要对美国模式、日本模式、西欧模式、印度模式进行分析,以借鉴其成功的经验。

8.1 美国农业风险防范及管理

美国模式的主要特点是国家设立专门保险机构,以经营政策性农业保险。在这种模式下,政府颁布有关农作物保险的法律,并依法由联邦农作物保险公司(隶属美国农业部)提供农作物一切险的原保险和再保险。虽然是政策性经营,但农民自愿投保，并享受政府的保费补贴。政府认捐联邦农作物保险公司相当数额的资本股份，支付所有经营管理费用，并对其资本、存款、收入和财产免征一切赋税。除联邦农作物保险公司外，其他私营、联合股份保险公司和保险互助会也都可以经营农作物一切险的保险和再保险，并同样可获得政府的保险费补贴。除美国外，加拿大、瑞典、智利、墨西哥等国也基本采用这种模式。在美国，农场主一般会采取包括多样化经营、财务杠杆等的一套风险管理策略；政府也制订了多种风险作物保险、收入保险、生产灾害支付、市场损失援助支付等一系列成熟的农业风险管理计划；商业保险公司也积极参与了农产品的保险业务。

20 世纪 30 年代物价飞涨的大萧条时期，美国推行了举世闻名的"罗斯福新政"，支持农业发展和农民增收的农业政策是其中的一个关键内容。政府加大对农业的投入，先通过发展农业地区基础设施建设，推动农业科研和技术普及，提供农业信贷和农产品保险服务，以及税收优惠、补贴投入等措施，全力扶持农业生产。然后又通过成立农产品信贷公司等途径，实施农业价格支持计划，防止农副产品价格大幅下跌，并辅以限制生产等防止过剩的措施。随后，又积极实施扩大农业内需、鼓励出口和限制进口等政策，帮助农民开拓国内、国际两个市场。此后，面对农业科技发展和农产品贸易摩擦加剧等新形势，美国政府更加注重制定和实施生态农业、科学技术、信贷支持、信息管理与服务等方面的农业支持政策。

8.1.1 美国政府的各种农业补贴

1. 美国农业补贴基本项目

美国联邦政府对农业的补贴由来已久。支持农业生产是美国的一项基本国策，美国国会每 5 年左右会制定一个农业法案，详细阐述对农业生产的补贴政策。1922 年、1929 年和 1933 年分别颁布了《谷物交易法案》《农产品购销法案》和《农业调整法案》，对美国农业发展起到了重大的推动作用，美国这个高度发达的工业化国家，其农业也在世界范围内长期处于霸主地位，农产品销往世界各地。

美国政府农业补贴分为直接补贴和间接补贴两种形式，直接补贴是根据农民种植农作物种类与面积直接给予少量现金补贴，间接补贴是提供农业保险补贴和低息农业贷款。美国农业直接补贴主要有两个项目：一是直接与反周期支付项目，是美国为鼓励农民种粮而设的项目，对种植大豆和玉米等粮食作物的农民提供现金补贴；二是水土保持项目，是美国为保护农村环境而设的项目。

政府间接补贴包括低息农业贷款和农业保险补贴项目。低息农业贷款的核心原则是帮助创业农民或弱势农民从事农业生产，包括直接贷款项目和贷款担保项目两种形式，直接贷款的资金来源于国会拨款，利率一般低于商业贷款，随市场行情波动；贷款担保项目的资金和服务由商业银行系统提供，利率则由借款人与商业银行机构商定，农场服务局为贷款提供担保。对于突发重大自然灾害，农场服务局还提供低息紧急贷款，申请人受损必须超过往年利润的 30%。农业保险是保障农业生产的最主要措施,也是政府农业扶持政策的核心,与政府直接补贴相比,其作用更为关键。美国农业保险由农业部风险管理局负责,农民自愿参与,联邦政府为参保农民提供保费补贴。美国联邦政府对农业保险的补贴主要分两部分:一是保费补贴;二是业务费用补贴。在保费补贴方面,补贴比例与所保产出比重呈反比关系。具体而言,导致产出低于50%的巨灾保险保费由联邦政府100%补贴,此后随着农民选择的产出保险范围提高,联邦政府的补贴比例也逐渐下降。在业务费用补贴方面,美国联邦农作物保险公司向承办联邦农作物保险项目的私营保险公司提供一定比例的管理与运营费用补贴。此外,美国还为私人农业保险公司提供三方面政策支持:一是通过联邦农作物保险公司向私人保险公司提供再保险;二是联邦政府、州政府及其他地方政府对农业保险免征一切税赋;三是联邦政府通过法律鼓励各州政府提供保费补贴,以进一步减轻农民负担,提高农业保险吸引力。2011年,美国联邦农作物保险项目为农民提供了207万份保单,补贴成本高达68亿美元。

2. 美国政府农业补贴现状

美国对农业实行高额补贴,被纳入农业补贴范围的农产品包括玉米、高粱、大麦、燕麦、水稻、大豆、油料、棉花、奶类、花生、糖类、羊毛和马海毛、蜂蜜、苹果、干豆类等,几乎涵盖所有大宗农产品,重点补贴对象是粮食、棉花、油籽和乳品生产。

由于政府补贴农业,从1996年开始,美国农民家庭收入增幅明显高于城镇居民家庭。2000年,美国农民净收入总额547亿美元,其中257亿美元来自联邦政府的直接补贴,补贴额占收入的47%。2001年,美国对农业各种形式的直接、间接补贴总额是953亿美元,进入农场主口袋的补贴额占农场农业总收入的11%,占农场农业净收入的42%,平均每个农场主每年能从政府那里得到1万多美元补贴。而《2002年农业安全和农村投资法案》在2002—2011年向农业提供了1 900亿美元的巨额补贴,比原有的《农业法》所确定的拨款额度增加了近80%。在1995—2002年,美国提供了1 140亿美元的农业补贴,年平均142.5亿美元。超过80%的补贴流入农民和农作物公司,12.5%用于"水土保持项目",7%用于自然灾害救助[1]。2008年金融危机以来,由于美国政府财政吃紧,奥巴马政府决定削减农业补贴。但联邦政府2010年的各项农业直接补贴仍高达270亿美元,2011年为233亿美元,2012年的财政预算则为238亿美元[2]。而根据美国农业部公布的数据,2010年,美国联邦政府农业补贴总金额为152亿美元,最大的20个农业补贴项目总金

---

[1] 主要国家农业补贴政策.第一财经日报.2010-08-28.http://futures.stockstar.com/IG2010082830000073.shtml

[2] http://blog.sina.com.cn/s/blog_6dee915b0102xjn7.html

额为 136 亿美元[①]。

8.1.2 政府扶持与补贴的农业保险制度

美国从 20 世纪 30 年代开始试办农业保险，经过近 90 年反复的实践探索与创新，美国农业保险基本实现了由传统农业保险向现代风险管理制度的历史性变迁。目前，美国已建立了广泛的农业保险体系网，政府从立法、专用资金使用、组织结构等各方面对农业保险进行了全方位的扶持和保护。美国作为全球最大的农业保险市场，尽管其户均耕种亩数远高于我国，农业生产方式也与我国存在差异，但其农业保险发展历史悠久、技术成熟。美国农业保险以政府专门的农业保险机构为主，辅以经营性商业农业保险，强调政府参与农业保险的义务和责任。其特点表现在如下几方面：

第一，美国农业保险拥有完善的法律保障体系，功能定位高。美国现行的农业保险是由参议院提议后，经过 14 年的论证于 1938 年在《联邦农作物保险法》中确立的。在美国政府的农业支持保护政策体系中，将农业保险作为第二大政策杠杆。例如，2014 年奥巴马总统所签署的《食品、农场及就业法案》提出：2014—2018 财政年度，联邦政府每年农业开支预算约为 1 000 亿美元，其中约 80% 用于资助营养计划（主要帮助低收入家庭提高营养水准），8% 用于农业保险项目。

第二，农业保险的补贴项目多。美国建立了完备科学的农业保险补贴体系，主要采取多层次的保费补贴政策，对农业保险的财政补贴力度是非常大的。

美国主要从三个方面对农业保险进行补贴。一是对农民的保费补贴，1981—1998 年，联邦政府用于农民购买农业保险的保费补贴总额为 55.47 亿美元，占财政补贴总额的 39.27%。1998—2000 年，联邦政府对投保基本保障水平的农民纯保费补贴比例为 55%，3 年累计补贴了 36 亿美元（龙文军，2003）。二是对保险公司的管理费用补贴。联邦政府向承办政府农作物保险的私营保险公司提供 20%～25% 的管理费用补贴。三是对农作物保险计划的亏损补贴。为保证农作物保险计划的顺利实施，美国政府承担了保险经营亏损、联邦农作物保险公司的各项费用以及农作物保险推广和教育培训费用。2000—2004 年，联邦政府农业保险财政补贴预算为 60 亿美元，平均每年 12 亿美元。

第三，政府政策性保护措施全。除资金补贴外，美国政府还拥有对农业风险提供支持的农业再保险体系，联邦政府、地方政府对有关农业保险费用免征一切税赋。美国以国家专门保险机构主导和经营政策性农业保险为主，政府关于农业保险的政策重点在农作物，有健全的、不断完善的有关农作物保险的法律、法规，并依法由联邦农作物保险公司提供农作物一切险（多风险）的直接保险和再保险。

[①] http://www.360doc.com/content/14/1210/13/739288_431760942.shtml

第四,美国农业保险的险种结构优。美国农业保险产品纷繁复杂,有200多种,但按照保障机制主要分为产量保险和收入保险两部分,涵盖了农业生产自然、市场全过程风险。产量保险是以产量损失作为赔偿触发机制的保险产品,其保障金额基于历史产量和农产品预测价格进行计算,主要保障因旱灾、涝灾、冰雹、大风、大雾、病虫害等自然原因造成的产量损失。需要指出的是,美国农业巨灾保险(CAT)主要适用于产量保险,其对农民的平均产量提供50%的保险,赔偿金额根据当年所预计市场价的60%计算。CAT具有一定的强制性,保费全部由政府全额补贴,但农民需要交纳一定额度的保险手续费。收入保险是美国农业保险的主要产品,是以农业收入作为赔偿处罚机制的保险产品,其保障金额基于保障的农作物产量乘以预测价格或收获价格所得的收入进行确定。当投保人的农作物产量乘以收获价格所得收入小于保险金额时,保险公司赔偿其差额。2015年,美国收入保险保费收入约占美国农业保险总保费的83%。

第五,美国农业保险运行机制完备。美国建立了较为完备的农业保险运行机制,在农业部下设风险管理局和联邦农作物保险公司。目前,风险管理局已在全国设立了10多个分支机构。此外,美国还有10多家商业保险公司,1万多名保险代理人从事农业保险业务。

虽然我国自2007年实施中央财政农业保险补贴政策以来,农业保险实现了快速发展,在服务"三农"方面发挥了积极的作用。但是,与"三农"需求相比,还存在一些不足。未来我国农业保险要担负起"支持农业发展,增加农民收入"的重任,必须加大产品和服务等供给侧改革,进一步转型升级。美国的农业保险经验对于完善我国农业保险制度,提升我国农业保险服务现代农业的能力具有重要的借鉴意义。但美国农业生产经营方式以及农业保险发展所处的阶段等与我国存在较大不同,在借鉴其经验的同时,也要坚持"以我为主,因地制宜",探索中国特色的农业保险发展之路[①]。

8.1.3 美国政府的农业自然灾害救助制度

美国是农业自然灾害救助制度的典型代表,通过多种形式,从价格、产量和收入等方面来帮助农民应对灾害,最大限度地减少了其收入波动,提高了农业生产的积极性。美国政府的主要做法表现在如下三个方面:

第一,实行常规性的国家财政支持。美国政府每年都会投入巨资来开展农业自然灾害救助。例如,2007年,时任美国总统的布什就亲自签署2007年法案,对当年农业灾害救助提供了近30亿美元的资金,说明国家财政对农业自然灾害救助的支持已经常规化。

第二,建立自上而下的组织结构。美国农业部专门设置了农业服务机构(FSA)

---

① 杨科技,王小韦.借鉴美国经验,推动我国农险转型升级[N].中国保险报,2016-08-30(007).

来负责农业自然灾害救助工作。该部门的工作人员由国会统一指定，并受农业部长的监督。在内部，FSA 建立了纵向的从联邦到县的办事处，且在地方级别办事处通过选举方式组成了农民委员会，以监督救助计划的执行，并向 FSA 提供建议。这种结构有效地保证了农业自然灾害救助的公平执行。

第三，采取多渠道的救助方式。美国所采用的农业灾害救助方式包括：①政府商品计划，即当农作物市场价格低于目标价格时，农场管理者可以得到价格补偿；②个人灾害救助，即如果生产者的产量低于或等于计划产量的 65%，可以得到灾害救助；③紧急贷款项目，即在特定条件下，为遭受自然灾害的农场主提供紧急信贷资金，援助其灾后重建；④补充收入援助项目，即为遭受自然灾害的农场主提供补充性收入援助，援助额按实际收入与承保收入之差的 60% 支付。

8.1.4 美国的农民利益集团

目前，世界上农民利益集团卓有影响的国家主要有美国、日本和法国。美国的农民利益集团力量十分强大，甚至可以左右国会和白宫的农业决策。

由于政府始终高度重视农业保护，尤其是在物价上涨及高通胀时期注意保障农民利益不受损，且推动其收入持续稳步增加，美国农业在从业人口下降到 2% 的情况下，农业收入仍占到国民收入的 10% 以上。不仅实现了农业的商品化、集约化和现代化，农民同其他各阶层收入的差距也逐步缩小，农民利益集团更是成长为参与政治博弈、影响公共政策的强力集团。但是，美国农民利益集团仍然属于弱者自我保护的组织。美国农民人数很少，只有 200 万，占全国人口的 2% 左右，他们如果不组织起来，其利益是很难受到关注的。但是，由于他们在政治上组织起来了，其在政治上尤其是在有关农业政策上非常有影响力。在美国，农民利益集团会通过院外活动来维持其在农业立法过程中的作用。他们在华盛顿设立办事处，雇佣院外活动人士代表他们的利益，活跃在政府决策的各个层次，积极影响对农业政策制定起重要作用的国会工作人员，影响国会的研究和情报部门的报告，并最后影响议员的态度，使他们制定出有利于自己的立法等。总的来看，农民利益集团在美国农业政策制定过程中的确起着重要的作用。

例如，美国农业协会是一个农民自发的组织，成立于 1919 年，至今已有近 100 年的历史，现有 600 万名会员，主要是农民（全国有 80% 的个体农民参加协会）和与农业有关或对农业感兴趣的小型生产商或个人。美国农业协会的主要职责是通过遍及全国各州的协会收集会员意见、建议，每年召开年会，制定相应的、代表多数农民意愿的政策，如农业税收、环境保护、政府投入等，代表农民到国会游说，力争使农民的建议变为联邦政府的政策支持。美国农业协会作为农业的最广泛组织，除为农民提供各类信息服务外，在促进美国农业经济发展、减少政府的社会管理成本方面发挥了很重要的作用。

8.1.5 美国政府农业信息服务

在政府提供信息服务方面，美国、日本、韩国、加拿大等国家都取得了显著成绩。美国政府介入信息服务的主体是美国农业部，由国家农业统计局（NASS）、农业市场管理局（AMS）、海外农业局（FAS）、经济研究局（ERS）、世界农业展望委员会（WAOB）五大信息机构分工协作，共同完成农业信息的收集、分析和发布。美国农业部建立了庞大的信息网络，发布从政府到企业、从国家调控到市场调节、从产前预测到产后统计、从投入要素到产出成品、从自然气候到防灾减灾等全方位信息。美国农业部提供的市场信息涉及120多个国家，近百个作物品种，囊括了主要农产品的国内及全球产量、价格变化、供求状况等信息，每个月都会正式对外公布。农民可以通过互联网、电话、邮寄等方式从美国农业部及相关职能部门得到完整的市场信息。美国政府每年拨款15亿美元建设农业信息网络。

加拿大、法国、德国、墨西哥等国家的政府也有类似的介入策略，其介入的共同特点是建立了较为完善的农业信息服务体系和有效的信息传播发布机制，这为我国农业信息化工程提供了借鉴依据。

8.2 日本农业风险防范及管理

日本国土面积狭小，人地矛盾突出，人均资源匮乏的情况与我国较为相似，因而，其农业中存在的许多问题我国也同样存在。日本农业作为一个弱项产业，受到了政府的极大扶持，日本对农业的支持有其完整的政策体系，对我国农业的发展也具有一定的启示作用。

8.2.1 日本政府对农业的支持与补贴

日本政府对农业的支持与补贴力度是非常大的。对于农产品，根据其不同特性及市场反应，日本政府制定了价格补贴制度、价格稳定带制度、价格差额补贴制度以及价格平准基金制度等，这些措施构建了日本较为完善的价格支持制度，在很大程度上稳定了农产品市场。具体包括以下几个方面：

（1）特定农产品收入稳定计划。如果市场价格低于"标准价"（前3年的平均市场价），农民将享受补贴。补贴对象主要是种植可耕作物、油籽、水果与蔬菜以及从事畜牧业的农民。例如，大米是日本的主食，仅大米价格补贴就占全部价格补贴的70%以上。还有差价补贴计划，即如果某些农产品当前的市场价格低于固定的参考价格，生产者可以享受差额补贴。

（2）直接支付制度。日本山区耕地面积占全国耕地面积的40%，由于历史原因与自然条件的限制，山区、半山区的农业发展相对落后于平原地区。针对这一问题，日本政府于2000年出台了《针对山区、半山区地区等的直接支付制度》，对该地区的农民进行直接收入支付补贴。从实施看，要求接受补贴的村落签订"村落协议"，以村落为单位，全体农民参与；对于不能签订"村落协议"的地方，由单个农户签订"个别协议"，要求接受补贴的农户根据协议的规定，进行农业生产活动。日本农林水产省于2000年已开始对山区的农民进行直接收入补贴，总额达740亿日元。

（3）农业保险补贴。由于日本的地理位置和气候条件的特殊性，农业生产经营活动对保险的需求非常强烈。日本农业保险制度的特点是由政府直接参与保险计划，并具有强制性，凡是生产数量超过规定数额的农民和农场都必须参加保险。稻农交纳相当于正常年景收入10%的保险费，政府对农作物保险的保费补贴为50%～80%；保费补贴和损失补偿对农民收入的稳定起到了重要的支持作用[1]。对于作物和牲畜补贴保险，政府为这些保险计划提供40%～55%的保险费，农民则支付剩余部分的保险费；当作物或牲畜因自然因素发生意外损失之时，农民可以根据参保条件得到20%～80%的损失赔偿。

（4）生产资料购置补贴。凡是按一定标准联合起来集体进行平整耕地的，在购置农业机械、构建农用设施方面的费用，50%可以从中央财政得到补贴，25%可以从都府县得到补贴，其余25%则可以从接受国家补贴的金融机构得到贷款，有些地方市、町、村财政还要补贴12.5%。

（5）制度贷款。日本政府的农业信贷政策主要表现在为农贷利息补贴制度。制度贷款属于长期低息贷款，按政府干预的方式不同分为三种：吸收各银行的资金投入农业，政府给予债务担保；利用农协的资金，政府给予利息补贴、损失补贴和债务担保；政府通过国家金融机构直接发放财政资金贷款。制度贷款主要用于农业政策所鼓励的生产事业，主要项目有农村渔业贷款、农业改良贷款和农业现代化贷款。

（6）农产品关税壁垒。日本形形色色的农业补贴项目高达470种，如大米种植户每公顷可获高达30万日元的农业补贴；其还有超高的农产品关税壁垒，例如，大米的进口关税为778%，乳制品进口关税为360%。日本农产品进口关税率平均为58%，进口关税率超过100%的农产品高达142种。政府还控制着粮食的进口数量和定价，例如，政府按照国际价格进口小麦，然后以2倍左右的价格转售给国内面粉加工厂；同时，以高价收购国产小麦，然后以低于进口小麦的价格转售给国内面粉加工厂，以鼓励他们接受国产小麦[2]。

日本政府长期以来对农业给予了巨额财政补贴。早在1971年，政府仅对大米价格的财政补贴就达4 633亿日元。20世纪80年代以来，政府的农业补贴始终保

---

[1] 刘雨欣，费佐兰. 日本农业扶持政策体系及启示[J]. 中国集体经济，2011(1)：197-198.
[2] 王磊燕. 主要国家农业补贴政策. 第一财经日报[N]，2010-08-28.

持在4万亿日元左右，1985年农业预算占政府一般会计预算支出的5.1%，占当年农业总产值的22.8%。据测算，1985年平均每公顷耕地农业预算额约为3 720美元，相当于同期美国的9.1倍、法国的4倍、英国的5.7倍和德国的4倍。20世纪八九十年代，按人均计算的农业预算额，日本为同期美国的1.2倍、英国的1.6倍和德国的1.3倍。2000年日本对农业的补贴达到6.4万亿日元，约为国内生产总值的1.3%，而同期其农业产值只有9.12万亿日元，对农业的补贴率高达70%。在主要发达国家中，日本的人均农业预算额仅次于法国，属农业补贴最高的国家之一[1]。

8.2.2 日本的农业保险和农业再保险体系

日本农业不同于美国，其特点是经营分散、个体农民经营规模较小，与我国的农业经营现状极为相似。日本农业保险制度拥有一个多层次的严密组织机构系统，是通过三级机构进行管理和运行的，这三级组织是市、町、村级农业共济组合的基层保险组织，都、道、府、县级的农业共济组合联合会和中央政府一级的农业共济再保险特殊账户。（农业保险在日本称为"农业共济"。）

日本的农业保险模式是政府支持下的相互会社模式。其特点主要表现在：①政策性强。国家通过立法对主要的关系国计民生和显著影响农民收入的农作物（水稻、小麦等）和饲养动物（牛、猪等）实行法定强制保险，而对其他作物（如商业价值高的蔬菜、水果、花卉等）和饲养动物则实行自愿投保；②直接经营农业保险的既不是政府机构，也不是商业性保险公司，而是民间不以营利为目的的保险相互会社，并接受政府的紧急援助资金、保费补贴和管理补贴[2]（保险相互会社也就是市、町、村农业共济组合与都、道、府、县农业共济组合联合会）；③中央政府职责明确，即中央政府通过农林省对农业保险进行监督和指导，通过大藏省提供保费补贴和管理费补贴，通过官方和非官方的机构提供再保险。

8.2.3 日本的农民利益集团

利益集团是影响日本贸易政策的重要因素之一。在日本，农民具有较强的利益表达能力，不但能够保卫并容易实现自身的利益，而且在政治市场上也处于优势地位。在日本的政治制度中，农业利益集团通过游说，可以对国会议员和相关行政官员有效地施加影响，使农业立法和行政规章充分体现他们的利益，迫使政府决策必须顾及农民的要求。日本农业利益集团还可以通过参加政策审议会、米价审议会、进出口贸易审议会等途径，直接表达其利益诉求，向政策制定者施加

---

[1] 农博网. 美国日本如何保护农业发展和农民利益？http://news.aweb.com.cn/2010/6/14/117201006140840930.html

[2] 朱伟明. 日本农业保险制度及借鉴[J]. 金融纵横，2011(2)：41—44.

压力。日本最大的农业利益集团当属农业协同组合,简称"农协"。农协是日本人数最多的一体化非政府组织,几乎所有的日本农民都加入了该组织。农协金字塔式的组织结构将基层农协与上层农协紧密连接,保证了农协严密、规范、有效率地运转。农协的经济实力雄厚,发展领域广泛,服务网络不仅包括农业,也包括金融、保险、教育等非农领域,对日本农业政策发挥着重要的影响[①]。虽然日本从事农业生产的人口不足全国总人口的5%,但他们控制着全国25%的选票,并且有自己得力的团体——农协。

8.3 欧盟农业风险防范及管理

8.3.1 欧盟的农业补贴及农业支持

欧盟的农业补贴法律依据是1992年颁布的《基本农业政策》,该政策主要内容就是对农民进行直接补贴。目前,该项开支约占欧盟预算总额的48%,1984年曾达到71%,2006年为498亿欧元。欧盟农业补贴资金除了欧盟拨付外(来自各国的摊派基金),各国政府和地方政府也有自己的补贴项目。欧盟农业补贴的标准和具体实施由各国制定和执行。有的国家农民可在互联网上申请补贴,非常便捷。

例如,根据2005年标准,英国每公顷农田补贴230英镑。2008年英国为单一补贴支付了37亿英镑,占直接补贴总额的4/5,英国农民收入的大部分来自政府补贴。法国是欧盟农业补贴最多的国家之一,法国2004年的补贴标准是:每公顷农田每年补贴400欧元,每一头牛每年补贴300欧元,另外还有很多其他补贴项目。

2010年,欧盟农业发展项目支出570亿欧元,其中390亿欧元是对农民的直接补贴。在各种补贴项目中,粮食产品补贴占41%,养牛补贴占18%,农村基础建设投入补贴占12%,食用油补贴占5.4%,乳品补贴占4.6%,水果蔬菜补贴占3.6%,养羊补贴占3.4%,糖业补贴占2.9%,其他补贴占9.1%。

和美国一样,欧盟也有农产品价格干预机制和农产品价格保护机制,由议会确定每年的农产品最低保护价和补贴标准。如果市场价格低于最低保护价,政府立即启动价格保护机制,大量收购农产品储存或出口,促使价格尽快回升到最低保护价以上;当价格上涨过快时,政府再把储备的农产品投入市场,加大供给量,促使价格回落。欧盟还推出了鼓励年轻人务农计划,对新进入农业生产的40岁以下的人,最初5年的补贴额增加25%。欧盟每个农民平均每年获得政府补贴超过15万元人民币,欧盟和美国农民收入的40%来自政府补贴;韩国、冰岛、日本、

---

① 李勤昌,石雪. 日本强化农业保护的经济与政治原因[J]. 现代日本经济,2014(2):48—58.

挪威、瑞士等国的补贴更高，农民收入中有60%来自政府补贴。

8.3.2 欧盟的商业农业保险模式

作为保险业的发源地，欧洲在国际保险市场上一直相当活跃。欧盟成员国各有特色，尤其在农业保险方面更是如此。欧盟各国的农业保险可以分为公有化主导型体系、公有与私有合作型体系和私有化主导型体系三大不同类型的农业保险体系。公有化主导型体系主要是政府通过国有保险公司在一定程度上对农业生产实行宏观调控，即强制开办农业基本保险，以保证农业生产的基本损失得到补偿；公有与私有合作型体系是指国家主要提供保险补贴和再保险保障，私有制保险公司是这个体系中不可或缺的一部分，通过它来规避基本农业风险及实现风险管理；私有化主导型体系也被称为民办公助模式，实际上，欧盟内大部分国家都采用这一农业保险制度，即主要由私有保险公司经营一国的农业保险[①]。希腊是一个典型的公有化主导型体系国家，西班牙和葡萄牙则是公有与私有合作型体系国家的代表，而德国、法国、奥地利和意大利等国则是典型的私有化主导型体系国家。

欧盟大部分国家的农业风险防范模式的主要特点表现在如下三个方面：①政府一般不直接经营农业保险，没有全国统一的农业保险制度和体系，农业保险主要由私营保险公司、部分保险相互会社或保险合作社经营，政府提供资助，一些西欧的发达国家，如法国、德国、西班牙、荷兰等主要采用这种商业保险模式。②经营险种相对较少，只有雹灾、火灾和其他特定灾害保险等几种类型，个别国家也支持私营公司经营农作物保险。③投保是自愿的，农民自己支付保费，也有个别国家为了减轻参加农作物保险的农民的保费负担或支持私营保险公司举办农业保险，给予一定的保费补贴。

8.4 印度农业风险防范及管理

在发展中国家，农业生产一直都是一种高风险的活动，农业风险的来源、风险分析与技术采用、风险管理等问题值得在政策设计、项目规划时认真考虑。

作为当今世界上仅次于中国的发展中大国，印度在经济发展方面取得了令世人瞩目的巨大成就。与此同时，印度经济的二元化特征也非常突出。有着亚洲最大耕地面积的印度是个农业大国，农业是其非常重要的一个产业，担负着养活印度12亿人口和维持社会和经济稳定的重任。但是，印度因受热带季风气候的影响，自然灾害频繁发生，尤其是旱涝灾害严重。频繁的自然灾害、落后的农业生产条件以及大量的农村贫困人口，严重威胁着印度农村社会经济的安定。

---

① 唐汇龙. 欧盟示范农业保险体系[N]. 国际金融报，2004—09—29(9).

中国和印度都是发展中国家，国情具有很多类似的地方：同为人口和农业大国；人均收入水平低；农村人口占较大份额；农业是国民经济的基础。经过几十年的发展，印度逐渐由一个食物短缺、贫困人口数量庞大的农耕国家，转变为粮食供应自给、农业发展势头迅猛、未来发展潜力巨大的国家[①]。印度政府历来比较注重保护农民的利益，并采取了一系列措施：①为农民提供酬劳形式的支持价格政策，实行最低价保护，比较有效地防止了"丰年粮价暴跌、谷贱伤农"的现象。②务农农民基本不纳税。印度农业的快速发展得益于政府对农业的政策扶持，印度政府从粮食价格、生产资料补贴、基础设施投入、农业组织、金融支持等方面采取了一系列措施，刺激并保护了农业的发展。印度农业和农村发展经验对我国农业发展也具有一定的借鉴作用。

8.4.1 印度的农业保险模式

发展中国家的农业保险模式，以亚洲一些发展中国家，如印度、斯里兰卡、泰国、菲律宾、巴基斯坦、孟加拉国等为代表，也包括中南美洲一些发展中国家，如巴拿马、巴西等。这些国家发展农业保险一般具有以下特点：一是大多数国家的农业保险主要由政府专门农业保险机构或国家保险公司提供；二是主要承保农作物，而很少承保畜禽等饲养动物，且农作物一般只选择诸如水稻和小麦等本国的主要粮食作物，其目的就是确保粮食生产的稳定；三是除孟加拉国外，参加农业保险基本都是强制性的，并且与农业贷款相联系。

印度为了加强对农业风险的控制、提高农业生产的稳定性和保证农村反贫困工作的开展，高度重视"三农"工作，制定和实施了诸多的扶农、助农的政策措施。农业保险也在这个背景下开展起来，并经历了多次改革，成为农业风险管理以及农村扶贫的关键措施。印度有许多农业保险公司，在农业部监管下，为农民提供自然灾害或灾害性歉收保险。印度农业保险公司是此类机构中的佼佼者，为全国近两千万农民提供政策规定内的各类保险。印度农业保险的典型特点表现在以下三个方面：

(1) 印度农业保险的灾害范围包括火灾、雷电、洪灾、大风、气旋、暴雨、山体滑坡、龙卷风、干旱（由印度气象局或克拉拉邦财政局定义）、霜冻、暴动和罢工以及一些植物病害。在政府的支持下，印度农业保险采取的是一切险，即农业保险的保障范围包括农民无法控制的风险（包括自然灾害、病虫害或疾病等）造成的农作物和牲畜损失。在农作物保险方面，主要以小麦保险为主，是相对单一的保险标的，具有全面的保险责任，此外，还有水稻保险、棉花保险等业务；在牲畜险方面，印度主要在奶牛发展计划重点支持的地区开办了奶牛险。

(2) 印度采用强制保险和自愿投保相结合的方式。参加贷款的农民，其贷款申

---

① 王军杰.印度农业国内支持制度的完善及对我国的启示[J].农村经济，2011(8)：126-129.

请书本身就是农作物保险的投保单,自筹资金农民可自愿投保。印度农业保险包括农作物险和牲畜险。印度对农作物险实行的是半强制方式,即保险与农贷相联系,也就是说,从政府的农贷机构或别的商业银行得到农作物短期贷款的农民必须参加农作物保险,保费直接从贷款中扣减,未取得这种贷款的农民可以自愿参加保险。对牲畜险,印度实行的是自愿原则,由农民根据自己的条件选择是否参加。

(3)印度政府一方面给予保费补贴,并通过设立基金完善农作物保险的投入机制,解决了资金短缺问题;另一方面从财政上给予补贴,通过再保险分担农业风险。例如,印度政府成立了一个国有农业保险公司,垄断经营农业保险。为了保证这个专业性的保险公司经营的稳定性,特别是为了应对巨灾损失,印度中央政府和地方政府按1:1的比例建立了一个风险准备金,并将部分灾害救济基金拨入风险准备金中。虽然印度农业保险计划中没有提供农业再保险,但中央政府和地方政府却扮演了实际再保险人的角色,因为任何超过保险费的赔款损失都是由中央和地方政府平均分摊的。在保费总收入超过赔款的年份,超过的金额会转入基金,用于巨灾之年的赔偿。因此,印度的这项基金实际上发挥着农业再保险的作用。

8.4.2 印度的农村社会保障制度

虽然印度的经济发展水平不高,贫富悬殊,但是印度却有着媲美发达国家的社会保障体制。在印度,年老和无劳动能力的农民可获得政府津贴,贫困农民可享受建房补贴、子女教育补贴和购粮低价政策。印度中央和各邦法律都规定了农民雇工以日工资60卢比为标准的最低工资线和全年不低于100天的就业机会,在很大程度上解决了农民失业问题。而印度农村社会保障制度中最典型的是农村医疗保障制度,印度自20世纪80年代就开始致力于农村医疗体系建设,形成了以保健站、初级保健中心和社区保健中心为主体的三级医疗服务网络,并实行所有国民享受免费医疗的政策。印度的这些较发达的社会保障制度,对农村居民应对农业风险起到了间接的促进作用。

8.4.3 印度的农业信息化建设

近年来,印度一跃成为全世界软件业发展最快的国家。在世界银行的资助下,印度开始形成一个地区性、全国性的农业信息化技术网络。印度的农业信息化革命开始于1988年,旨在缩小城乡差距,而且印度政府制定了一系列促进农村信息化发展的政策。在IT方面,电信部门提高了互联网站点建设水平;扩大宽带,并对购买计算机和软件的农民减免个人所得税;农民进行电话咨询一般是免费的。此外,印度国家信息中心还建立了若干专业性的农业信息数据库系统,以帮助农民了解市场信息、预防自然灾害、提供农业信贷服务等。

8.4.4 印度的农业合作社

印度一直认为其农业合作社是实现农业发展、规划的主要方法。印度拥有世界上最大的农业合作组织体系，并在许多领域拥有较高的市场占有率。印度农村的生产和流通领域里的各种合作社对于发展农业生产、增强乡村经济力量、加强商品流通和提高农民生活水平起到了一定的作用。在印度，基本上每个农民都加入了农业合作社，并通过合作社获得一定收益。

8.5 启示

综上所述，发达国家在农业风险防范方面大都取得了突出的成绩，基本建成了完善的农业风险防范及管理体系，甚至像印度等发展中国家在农业风险防范方面也有很多值得借鉴的地方。但是，无论是发达国家还是发展中国家，其在农业风险防范方面仍然存在一些问题。比如，过高的农业补贴对政府财政造成压力，导致农民陷入"道德风险"的境地和贸易保护主义盛行；过于强大的农民利益集团对国家政治有着较严重的负面影响。像印度等发展中国家，农业耕作的生产方式落后，农业生产效率低，缺乏优秀的保险人才，尚未完全建立起完善的农业保险体系，开办的险种少、试办范围小，农业保险实施的方式以强制保险为主；农业保险主要由政府专门农业保险机构或国家保险公司提供，存在较高的管理及运作费用，运行的效率不高，法律制度不健全，等等。

在借鉴世界其他国家的农业风险防范及管理经验时，要充分考虑我国的国情和农情，与我国的实际相结合，构建适合我国现实状况的农业风险应对机制。

第9章 我国应对农业风险的多层次举措

农业是国民经济的基础，对国计民生和社会稳定有着至关重要的作用，农民生活能否安定祥和也关乎社会主义新农村发展的大局。然而，作为经济再生产和自然再生产相结合的弱质产业，农业面临着来自自然和市场等方面的风险，最容易遭受灾害和损失。降低农业风险，确保农业优质、高产、高效的发展，是全国经济总量和农民收入持续增长的根本动力，是发展现代化农业、建设新农村的有力保障。

然而，在当前社会背景下，我国应对农业风险的形势依然十分复杂，突出表现在当前以农民为主的非正规风险规避机制的作用虽然在下降，但仍然不可被替代，而以政府和商业保险公司介入为特征的现代正规风险规避机制却难以迅速建立起来。这就意味着，单纯地强调农民、政府和保险市场中任何单一主体的作用而忽视其他主体的作用是不正确的。因此，在应对农业风险这个问题上，应该强调重视农民、政府和保险市场每一个应对主体的作用，分析它们之间的相互影响，从微观(农民、保险公司)和宏观(政府)相结合的角度，找到以政策性农业保险为主、农民个人防范风险为辅、政府提供政策和财政支持为基础的多层次举措。

在防范农业风险的各个主体中，政府的意愿和支持是重要的前提基础，其宏观调控地位不可动摇，保险公司的微观运行是农业风险防范的重要保证，而农民微观的非正规风险规避机制作为辅助手段也具有重要作用，这是由农民的特殊阶层属性、农业和农业保险的正外部性等决定的。

9.1 强化政府在应对农业风险中的重要宏观基础作用

9.1.1 转变认识，提高意愿，调整偏好行为

各级政府应该切实认识到农业的重要性，也应该意识到政府在应对农业风险中的重要作用。习近平总书记在十九大报告中也强调，"农业、农村、农民问题是关系国计民生的根本性问题，必须始终把解决好'三农'问题作为全党工作重中之

重。要坚持农业农村优先发展，……加快推进农业农村现代化。确保国家粮食安全，把中国人的饭碗牢牢端在自己手中。……完善农业支持保护制度……"。而且，农业还具有正外部性，农业在提供农产品的同时，间接地为人类带来福利，具有环境保护功能、提供绿色资源和开放地功能。这一点在林业中体现得最为明显，当森林发挥保持水土、涵养水源、防风固沙、净化空气、美化环境等多种效能时，整个社会都从中受益，而不需为此付出费用，显示了其具有社会福利的属性。毫无疑问，随着社会经济的进一步发展，人类对环境质量要求的进一步提高，农业的正外部性会进一步增强。由此可见，农业除了具有为国民经济发展提供粮食、原料、积累资本等作用外，还具有改良土壤、净化空气、美化环境和提供各种可再生的生物资源等多种功能。这些功能是农业独有的，是农业为经济和社会发展能做出的特殊贡献。这些贡献，都具有正外部性的特点。

农业是受自然灾害影响较大的产业，外部自然环境条件的好坏及其变化直接影响到农业生产的效率和农业生产经营者的收益。作为一个自然灾害发生较为频繁的农业大国，由于农业基础薄弱，抗御自然灾害能力较差，各种自然灾害经常给农业生产造成很大损失。为了防御自然灾害，长期以来我国投入大量资金和人力、物力，建设了一批防御自然灾害的工程，对粮食等农作物生产能力的持续提高起到了重要的基础性作用。但是，从总体上说，农业还是"靠天吃饭"的产业。我国每年都有大量的农田受到旱灾、涝灾、洪灾、风灾、雹灾、雪灾等自然灾害的影响。另外，还有大量农作物种植面积和草原遭受了病虫害、鼠害等灾害的影响。因此，政府应该在发展现代化农业、规避农业风险、提高农村教育水平和农民文化素质等弱质性、周期长的领域，改变长期以来的偏好行为，扭转支出意愿一直不强的局面。

今后，政府应增加对农业现代化发展中的公共设施建设的投资力度，进一步提高农业设施装备水平。一是加强水利工程等基础设施建设。《中共中央国务院关于积极发展现代农业扎实推进社会主义新农村建设的若干意见》提出，要用现代物质条件装备农业，提高农业水利化、机械化和信息化水平。要进一步加强灌区续建配套和节水改造、排涝泵站等工程建设，提高抗旱排涝能力和水资源的利用效率；要加大病险水库除险加固的力度，提高防洪和供水能力；要重视江河堤防加固和蓄洪区安全建设，提高江河防洪标准；在水资源比较丰富的流域和地区，要建设一批新的水库和灌区，扩大灌溉面积；在水资源短缺的流域和地区，要搞好节水增效工程建设，防止过度利用地表水和地下水，以免对下游生态和地下水环境造成不利影响。二是要重点加强天然林资源保护、退耕还林等林业生态工程建设以及草原生态治理工程建设，提高农业的可持续发展能力。三是要提高动植物病虫害防治水平。积极实施植保工程、动物防疫体系等工程建设，加快完善动植物病虫害监测预警、检验监督、控制扑灭、技术支撑以及物资保障系统；积极有效地防控蝗虫、稻飞虱、小麦条锈病等病虫害，以及高致病性禽流感等畜禽疫病和人畜共患病；同时，还要有效阻止和控制外来检疫性有害生物传入和蔓延。

9.1.2 完善农业补贴制度，提高对农业的补贴

我国政府一直是推动农业发展的重要力量。自改革开放以来，我国政府在土地改革、农业基础设施投入、减轻农民负担等方面采取了积极措施。在新的历史阶段，面对竞争日益激烈的国际环境，政府要充分认识到中国农民人口众多、抵御风险能力弱、农村经济发展缓慢的特点，多措并举，在加大农业保护力度、完善农业和农村发展的外部环境、完善国家宏观调控等方面发挥积极作用。只有提高对农业的补贴，农民才能靠种田获取较好的收益，才愿意留在土地上，不让土地荒废。同时，提高对农业的补贴，农民就可以以较低的价格出售农产品，从而减少全国居民的粮食、蔬菜和水果的消费开支，提高全国居民的购买力，增加全国居民的幸福感。

农业补贴是一国政府对本国农业支持与保护政策体系中最主要、最常用的政策工具，是政府对农业生产、流通和贸易进行的转移支付。农业补贴是我国"三农"政策的重要组成部分，当前的农业补贴主要有粮食直补、良种和农机补贴、农资综合直接补贴等，实践证明，这些惠农政策起到了促进粮食增产和农民增收的效果。但是，现行补贴政策仍存在一些问题，如补贴的资金总量不足、补贴范围小、补贴结构不尽合理、资金分散降低激励效果等。对农业给予支持保护是世界各国为提高农业国际相对竞争力的通行做法，特别是美国、加拿大等发达国家为本国农业提供了大量的补贴。目前，世贸组织规则所允许使用的12类"绿箱[①]"措施中，我国只使用了6类，而"黄箱[②]"政策我国使用得较多。因此，应该进一步完善我国农业补贴政策体系，调整农业补贴内容，与国际接轨，逐步形成目标清晰、受益直接、类型多样、操作简便的农业补贴制度，充分发挥农业补贴政策对农业风险应对的导向和支持作用。

2016年4月，财政部和原农业部发出《关于全面推开农业"三项补贴"改革工作

---

① 在WTO农业多边协议框架下，农业补贴具有两层含义：一种是广义补贴，即政府对农业部门的所有投资或支持，其中较大部分如对科技、水利、环保等方面投资，由于不会对产出结构和农产品市场产生直接显著的扭曲性作用，一般被称为"绿箱"政策。"绿箱"政策措施主要包括：a. 一般农业服务，如农业科研、病虫害控制、培训、推广和咨询服务、检验服务、农产品市场促销服务、农业基础设施建设，等等；b. 粮食安全储备补贴；c. 粮食援助补贴；d. 与生产不挂钩的收入补贴；e. 收入保险计划；f. 自然灾害救济补贴；g. 农业生产者退休或转业补贴；h. 农业资源储备补贴；i. 农业结构调整投资补贴；j. 农业环境保护补贴；k. 地区援助补贴。

② "黄箱"政策，通常会对产出结构和农产品市场造成直接明显的扭曲性影响，如对粮食等农产品提供的价格、出口或其他形式补贴，这类补贴又称为保护性补贴。主要包括政府对农产品的直接价格干预和补贴，种子、肥料、灌溉等农业投入品补贴，农产品营销贷款补贴，休耕补贴等。WTO《农业协定》的"黄箱"政策中规定给予发展中国家特殊差别待遇，对发展中国家为促进农业和农村发展所采取的下述支持和补贴措施可免于削减承诺，简称"发展箱"。主要包括：a. 农业投资补贴；b. 对低收入或资源贫乏地区生产者提供的农业投入品补贴；c. 为鼓励生产者不生产违禁麻醉作物而提供的支持。

的通知》，决定将"种粮农民直接补贴""农作物良种补贴"和"农资综合补贴"这三项补贴合并为农业支持保护补贴，政策目标调整为支持耕地地力保护和粮食适度规模经营。"三项补贴"改革的重要原因是，包括农作物良种补贴和农资综合补贴在内的"黄箱"政策空间不多，快要接近世贸组织规定的"天花板"了，需转向无约束的"绿箱"政策，从价格补贴转为收入补贴。此次"三项补贴"改革是在2015年5月改革试点基础上的全面推进。"三项补贴"改革自2015年开始，在全国范围内调整20%的农资综合补贴，统筹用于支持粮食适度规模经营。此外，选择了安徽、山东、湖南、四川和浙江等5个省作为试点，将"三项补贴"合并为"农业支持保护资金"，将80%的农资综合补贴存量资金，加上种粮农民直接补贴和农作物良种补贴，用于耕地地力保护。2016年，在总结试点经验基础上，在全国全面推开农业"三项补贴"改革，即在全国范围内将农业"三项补贴"合并为农业支持保护补贴，政策目标调整为支持耕地地力保护和粮食适度规模经营[①]。

2016年，各地农民拿到一笔"农业支持保护补贴"，而非以往的"种粮农民直接补贴""农作物良种补贴"和"农资综合补贴"三笔补贴。这是"三项补贴"改革试点推向全国的结果。此举既是由于世贸组织规则的约束，也旨在调整农业补贴的政策意图，即由刺激生产转变为保护耕地，促进适度规模经营，推动农村金融的发展。这次调整，预示着财政支农具体思路发生了变化，将逐步对农民和农业生产结构产生深远影响。

9.1.3 建立和完善农业价格保护机制

建立农业价格保护机制，主要是稳定农作物种植面积，确保农民收入。只有种植面积稳定，农产品价格才不会在没有重大自然灾害的情况下大起大落。我国在2010年才推出蔬菜储备制度，目前，仅在部分城市施行，储备能力有限，只能确保5~7天消费量的动态库存，而且多为大白菜、白萝卜、胡萝卜、土豆等便于储存的蔬菜。国家发改委2012年8月印发的《全国农村经济发展"十二五"规划》指出，将完善农业支持保护制度，建立投入增长稳定机制，健全农业补贴制度和农产品价格保护制度，完善粮食最低收购价政策。

价格保护是市场经济下政府实行农业保护的重要措施，所有发达的市场经济国家无一不是依靠价格政策和贸易措施来保护本国农业的。我国实施价格保护政策的关键在于完善政策体系，确定一个合理的保护价格水平，合理的保护价格水平既要达到保护农民利益的目的，又要使其不完全脱离市场价格变动的趋势、不违背价值规律和供求规律的要求。随着我国进入工业化中期阶段和国家财政能力的增强，按照"工业反哺农业，城市支持农村"和"多予、少取、放活"的方针，应

---

① 中国农业三项补贴改革，农业补贴三合一全国启动．中国投资咨询网．2016－07－05．http：//www.ocn.com.cn/hongguan/201607/lmxhl05155916.shtml

进一步增加在农产品价格保护方面的支持,包括扩大支持范围和提高支持水平。此外,可借鉴国际经验,并从我国的实际情况出发,研究反周期补贴问题。通过采取综合措施,进一步完善农产品价格保护机制,增强防范风险的能力,不断提高农业效益和农民的收入水平。

农产品价格的蛛网理论还告诉我们,如果没有外在强大力量来改变价格波动的方向和幅度,则市场的自发均衡根本不能形成也永远不会实现,到头来不仅"摔碎"了农产品,还"摔伤"了广大农民,甚至整个社会都会受到伤害。农产品(尤其是粮食)的特殊属性(不仅具有商品属性,还具有社会政治属性),决定了必然要有一种强大力量出现在农业市场中,以某种适当的方式来阻止或调解价格和供、需量的这种扩散式波动,减少农业的市场风险和社会福利(农业的正外部性)的损失。而这种强大力量只能源自政府的宏观调控。

农产品价格保护政策是应对蛛网理论下市场风险的重要手段,在保障农业风险、保证农产品的稳定供给、减小农民收入波动等方面,都具有不可忽视的作用,也是国外发展中国家普遍使用的重要的风险规避手段。作为我国政府长期介入农业风险管理的重要措施之一,政府必须充分利用"黄箱"政策中保留的政策支持空间,在微量允许标准范围内,以恰当的方式实施宏观的农产品价格保护政策。

9.1.4 建立健全农业保险体系,增加对农业保险的补贴

发展和完善农业保险体系,对于应对农业风险,建立农民增收的长效机制,促进我国农业和农村经济发展,保障国家粮食安全乃至经济安全,都具有非常重要的作用。政府财政补贴对农业保险的成功运作十分重要。美国政府对农业保险特别是种养业保险都比较重视,对农业保险实行低收费、高补贴优惠。以美国各州的农作物保险为例,农场主支付保费的40%,联邦政府支付保费的36%,剩下24%的保费由本州政府补贴[1]。从美国等世界发达国家的经验看,建立健全农业保险体系,通过实行农业保险制度规避农业风险非常必要。早在2007年中央"一号文件"就已经要求,"积极发展农业保险,按照政府引导、政策支持、市场运作、农民自愿的原则,建立完善农业保险体系"。国务院颁布的《关于保险业改革发展的若干意见》也指出,逐步建立政策性农业保险与财政补助相结合的农业风险防范与救助机制,探索中央和地方财政对农民投保给予补贴的方式、品种和比例,对保险公司经营的政策性农业保险适当给予经营管理费补贴。对农业保险实施政策性补贴,是改变农业保险市场失灵的关键,也是可持续发展的政策性保障。

而在我国,目前农业保险除免缴增值税外,其他方面同商业保险一样,国家

---

[1] Barry K. Goodwin. Problems with Market Insurance in Agriculture[J]. American Journal of Agricultural Economics,2001(8):75—76.

财政补贴很少，也缺少再保险支持，一些地方政府与银行的贴息补贴贷款措施，由于相关配套政策不完善而无法继续执行。此外，农业保险的正外部性特征也决定了农业保险经营和运作离不开政府的宏观管理和支持。因此，政府应该改革农业保险补贴政策，完善农业保险制度。通过提供农业保险补贴，直接承担供需双方的一部分交易费用，促进农业保险供给和农民需求的良性发展，增加整个社会的福利。政府应进一步协调中央与地方政府对农业保险补贴的财政关系，通过"财、政"两种手段，在保证粮食安全的前提下整合保险补贴资金，并扩大地方财政补贴资金的管理和使用权限；调整、优化农业保险的财政补贴方式，采取更为间接的补贴方式，从针对特定产品的农业保险保费补贴，有步骤地向农业保险机构的经营费用补贴、再保险费用补贴和再保险体系支持、大灾风险补偿等环节延伸。通过以上这些手段，引导和激励保险机构增强农业保险供给积极性，促使更多保险机构提供农业保险服务[①]。

9.1.5 健全农业各项法律法规，为农业风险防范奠定基础

日本农业政策制度、法律法规十分完善，针对不同的农产品的特性及不同地区的特点制定了很详细的制度措施。美国的农业法案坚持每5年一修订，所涉内容巨细无遗，随时都能在农业部网站上跟踪查询最新法令的发布情况和农业预算的开支数据。正是借由并延续这种制度上顶层设计的思路，法案的定期修订起到了查漏补缺的作用，在确定未来几年农业发展重点、指明农业发展方向、构建科学合理的农业发展格局的同时，大大降低了变革的随机性。

一方面，我国应全面完善各种涉农法律法规。我国在扶农立法、监督和管理方面与发达国家相距甚远。我国应将农业政策、法规更加细化，构建更加具体、更加直接的农业扶持政策体系。为了确保农业的发展和农业扶持政策的实施效果，政府应加强农业立法，建立完善的扶农法律体系，建立农业政策实施的检查监督机制，加强对政策实施的监控。在农业资金投入方面，制定农业投入监督管理法规，保障农业融资渠道畅通，并加强对资金使用的监督管理，增加资金流通的透明度，提高农业的投入产出效益，使政府的农业政策能够真正达到扶持农业的目的[②]。

另一方面，我国应尽快完善有关农业保险的法律法规。目前，我国农民抵抗自然灾害风险能力差，直接补贴往往不能真正有效地弥补农民损失，而规范化、现代化的农业保险制度可以根据农民实际种植、收获情况，保证农民收入，这是农业补贴制度发展的必然选择。我国要发展政策性农业保险，既需要保险行业自身的努力，也需要社会环境的优化，更需要政府提供法律的规范约束，因此，政府需要建立健全农业保险法律法规，营造环境氛围。但目前《中华人民共和国保险

---

① 吴本健，马九杰．以政策性农业保险促进农民脱贫增收[N]．光明日报，2017－07－18(11)．
② 刘雨欣，费佐兰．日本农业扶持政策体系及启示[J]．中国集体经济，2011(1)：197－198．

法》对农业保险未作具体规定，法律在农业保险方面几乎空白。从目前规避农业风险的需要来看，政府应尽快对农业保险进行立法，并以法律的形式对农业保险具体的政策性特性、目的、保障范围和水平、费率厘定、赔付标准、实施方式、组织机构及运行方式、各级政府有关机构的管理职能和作用、管理费和保险费分担原则以及经营主体应该享受的政策支持、农业保险补偿体制、政府各部门的协调机制、投保农民的相关权益、异常灾害条件下的赔款和处理方式等方面进行详细而明确的规范。只有这样才能使农业保险依法实施、使农业保险机构依法经营、使农民权益依法得到保障，并能避免各级政府在农业保险中行为的随意性。

在全面推进保险制度的同时，应通过立法使各地方立足当前、着眼长远，根据当地实际经济发展情况，确定参保品种以及保险补贴比例，形成具有地方特色的农业发展结构，加强本地农产品的国际竞争力。在一些特别贫困的地区，应突出重点，分步实施，通过适当提高补贴比例来吸引农民参与农业保险，提升农民的"保险"意识，使农业保险成为农业风险应对的主要方式。

9.1.6 完善农村社会保障体系，实施精准扶贫，提高农民生活水平

2016年我国农村依然有4 335万贫困人口没有脱贫，还需要扶持。目前，中国的最低生活保障制度类似于美国农业法案中的营养项目，都是保证低收入群体维持基本生活的社会保障制度。2016年中国农村居民人均可支配收入12 363元，远低于城镇居民人均可支配收入33 616元。尽管近年来农民收入增长较快，但整体水平仍然偏低，且农村社会保障体系发展滞后，农村居民最低生活保障制度尚未完善。所以，更应以求真务实的态度，积极有效地推进农村社会保障体系的制度化运行并实施"精准扶贫"政策，加大对欠发达地区的扶持力度。首先，要提高社会保障的水平，保障水平是衡量社会保障制度成效的关键指标，不断提高保障水平是广大农民的普遍期盼。其次，要加强农村社会保障法立法建设，确保社会保障体系运行的稳定性和持续性。最后，要积极探索农村最低生活保障、农村医疗和农村养老保险之间相互衔接的办法，推进城乡社会保障制度的并轨，缩小城乡差距。只有切实落实强农惠农政策，改善农民生产生活条件，才能激发农民种粮的积极性，发挥农民群众的主体力量，扎实推进社会主义新农村建设，确保实现农村经济稳中有进、稳中提质、稳中增效的总体目标。农民生活水平提高了，才愿意接受新的农业风险防范模式以及购买农业保险等。

9.1.7 加快推进农村信息化建设和运用，建立农产品风险预警机制

农业风险主要源于信息的不完全性和不对称性的缺陷，政府通过提供完善的信息服务，使农民和保险公司根据各种信息的变动做出风险分摊或控制的决策，达到规避风险的目的。目前，我国农村网络普及率相对不高，而印度的农业信息化建设已在扶农网络、农业推广、农村信贷等方面领先于中国。因此，实现信息

化建设对接农村信息需求也应成为我国农村建设中的重点。我国农业信息服务体系比较薄弱，突出问题有：一是面向基层和农民开展信息服务的问题尚未得到彻底解决，服务网络的覆盖面不宽；二是信息标准不规范，信息资源整合开发差距大，共享程度较低；三是广播、电视、电信、报刊等常规媒体及互联网、手机等新媒体传播农业信息的作用都未得到充分发挥。因此，政府可以从以下几个方面着手，加强信息服务平台建设，建立农产品风险预警机制。

(1) 建立和完善农村信息服务体系。在建立国家、省、市、县四级农业信息网络中心的同时，建设和完善向乡村延伸、为农民服务的配套设施，建立省、市、县、乡、村五级信息服务体系。县、乡以上的信息服务机构与农村基层的广大农民之间缺乏有效的衔接，使信息传递受阻。因此，有必要在乡与农民之间构建这种新的信息服务体系，来带动农村信息服务业的发展。各级政府应当通过专项资金、技术支持和政策优惠等措施鼓励商业机构或个人在乡、村成立一批基层信息服务组织，培育一批稳定的信息用户群体，从而拓宽信息的传播渠道。

(2) 要加快农产品信息网络建设及建立农产品信息发布制度。由于农作物生产周期长，一旦播种，就很难调整种植结构。所以，政府要负责统计全国乃至全世界的农作物信息，如种植面积、价格、病虫害等，并及时通报国内外农产品市场动态以及农产品市场供求和价格异常波动情况，指导农民根据市场供需合理分配各种作物的种植面积，帮助农民预测市场前景，为农民种植提出建议，进而规避农业市场风险。

(3) 要逐步建立起主要农产品生产、供求、价格、监测与预警机制。可以通过完善价格监测体系建设，提供农产品市场分析和预测报告，提高农产品供求、价格监测预警能力。政府可以依托我国高校聚集、农业专家充足的智能优势，由政府出台政策性鼓励制度，联系国内各大高校，建立以博士生导师带队、博士生参与的全国性的农业风险科研机构。针对农业风险的类别，结合各个高校的特色和研究专长，形成具体、可行的农业风险项目课题，结合农业信息服务体系搜集相关数据信息，分析和研究我国农业灾害发生的规律，使之转化为行之有效的科研成果，以便建立起农产品风险预警机制。农产品风险预警机制，能够通过农产品信息采集分析发布制度和体系，运用现代信息技术对农产品生产、需求、库存、进出口、市场行情以及生产成本等进行动态监测，分析预测未来一定时期内农产品市场存在的风险，以及风险的程度，提前为农产品生产经营者和政府提供决策参考，防范和规避市场风险，最大限度地降低风险造成的损失和影响，有效解决农产品难卖问题和农产品价格大幅度波动给国民经济和社会发展带来的不利影响，促进农民增收和农业稳步发展。

(4) 加强农业气象工作，提供准确的农业气象信息，预防或转化农业风险。要坚持把气象资源作为基础性自然资源、战略性经济资源和公共性社会资源加以利用，不断完善服务内容，改进服务方式，提高服务质量。第一，积极开展农业气象服务工作,做好农作物重大病虫害气象监测预测实时服务,并利用卫星遥感和相关技术开展旱情监测和预测预报等,同时还应该进一步提高设施和服务水平等;第二,积极通过各种手段和方式,例如电视、广播等传统媒体和网络、手机等新媒体,将农业气象信息及时传达给农民,以帮助农民做好预防工作;第三,积极利用现代科技手段,开展人工影响天气工作。例如,在干旱缺水地区,积极开展人工增雨作业,大力开发利用空中云水资源;面对冰雹等灾害天气,要进一步加强人工防雹工作等。

加快农业信息化建设,提高农业信息化水平,可增强对自然灾害、市场变化等信息的预测预报能力,使农民提高决策水平、增加收入、减少损失。政府可以利用WTO"绿箱"政策的支持空间,向农民提供信息服务,充分发挥其在农业风险规避中的作用。

9.1.8 提高农民的政治地位,发展农民合作组织

客观地说,我国农民当前的政治地位与改革开放之前相比有所下降,农民在政治生活中的地位并不高,"话语权"更是少得可怜。农民政治地位的提高有利于农民"权益"的实现,避免农民在政府政策制定过程中成为"被遗忘的集团"。由于当前农民能够参与政府政策讨论的场合只有人民代表大会,因此,首先应改变《中华人民共和国选举法》目前仍存在的不合理规定,使农民和市民拥有同等的选举权和被选举权;其次,今后在各级县、市人民代表尤其是全省人大代表选举中,应当大幅提高优秀农民代表的比例;再次,今后在各级人大代表会议中,应该给农民代表更多的发言机会,使政府和社会能够听到来自农业基层的声音;最后,在人民代表大会上,主席团应当更加重视来自农民代表的提案。

此外,根据我国目前的国情和农情,中国农业只能走集约化生产道路,当前的"包产到户"属于小农经济,无法与国外的大农场竞争。因此,政府应出台政策,引导农民走联合生产之路,并给予资金和技术支持。当然,这种联合应是自由、自愿联合。例如,印度的农业合作社的普及率非常高,形成了集生产、加工、销售、信贷于一体的完整体系,并取得了显著的效果。目前,中国农民合作组织的普及率不高,现有合作组织也存在区域分散、组织分散、规模小、管理标准不完善、有名无实等问题,推动和完善农业合作社应成为农村工作的重点。为了捍卫农民自身的利益,政府要鼓励并资助农民建立各种协会,如玉米协会、小麦协会、大豆协会、蔬菜协会、水果协会等,提供并交流种植技术和农业信息;当农民利益受损时,集体向政府提出诉求。只有农民的利益有了保障,农业产量才会稳定,农产品才能与外国竞争[1]。

---

[1] 刘植荣.中国农产品比外国贵这么多该咋办? http://www.360doc.com/content/14/1210/13/739288_431760942.shtml

9.1.9 采取措施，积极防范和应对市场风险

（1）积极发展农产品期货市场，合理有效地规避农业风险。随着传统农业向现代农业的转变，我国农产品的商品率不断提高，农业生产与经营必然面对各种市场经济的机遇和挑战。在市场经济运行环境中，农产品的价值实现必须借助市场机制，市场供求状况与经济运行机制对农业生产经营效益必然产生至关重要的影响。因此，要充分考虑农业生产与市场的关系。

期货市场由于具有独特的价格发现和套期保值功能，在农业市场化改革的大背景下大有可为，对农产品贸易定价和农业企业管理风险具有重要作用。政府相关部门应该积极贯彻落实党中央相关文件要求，继续加强农产品期货市场建设，多途径支持农业市场化改革，更好地服务现代农业发展。第一，研究农产品期货期权试点，更好地满足农业企业的风险管理需求。第二，加强与保险、信贷等金融服务的协调配合，积极开展涉农期货品种创新，推动"保险＋期货或期权"组合管理工具的发展，发挥金融服务"三农"合力。第三，做精做细已上市期货品种，提高定价及风险管理效率。第四，多方协作，提高涉农企业、农民专业合作社等新型农业经营主体利用期货市场的能力。

市场风险主要体现在农产品市场价格变化上，突出反映为价格大起大落。期货市场具有价格发现和套期保值功能，在帮助生产经营者形成合理价格预期和转移价格风险方面，能够发挥非常显著的作用，是化解农业市场风险的有效途径之一。农产品期货市场为规避农产品价格波动风险、减少资源浪费、维护农民和消费者利益以及控制农业企业的经营风险提供了机会。现代期货市场对商品价格变动十分敏感，通过期货市场分散和规避风险，既有利于企业稳定股价、实现利润，也能保证合同履行和农产品预期收入兑现，实现生产者和经营者双赢。

政府应主动对接证监会、银保监会等有关部门和单位，共同研究完善试点操作办法，提出完善政策的建议，解决工作中面临的困难和问题。在前期探索试验的基础上，指导期货交易所、保险机构、期货经营机构以及涉农企业稳步扩大"保险＋期货"试点。"保险＋期货"模式在鼓励行业创新、探索价格风险的转移方式上有很大作用。通过不断争取各方支持，针对当前"保险＋期货"发展形势和现状，下一步工作重点应该是建立"保险＋期货"模式的长效机制，使农民、参与企业都能获得收益，这需要国家在资金和政策方面提供支持。"保险＋期货"试点的推广工作应从国家层面进行统筹安排，需要从对农民期货知识培训、期货市场监管、期货产品创新等方面共同推进。将来，在稳步扩大价格险基础上，探索收入险试点，参照国外经验，由政府对保费按比例进行补贴。再进一步从"保险＋期货"模式拓宽到"融资＋保险＋期货"模式，在锁定风险的基础上加大农业信贷支持，引入融资机构。

（2）加强农产品流通体系建设，降低农产品市场风险。我国农产品从产地到餐桌流通环节过长过繁的情况，加大了农产品价格波动，提高了农产品市场风险发

生的概率。加强农产品流通体系建设，建立现代农产品物流方式，减少不必要的流通环节，降低流通成本，可在一定程度上保持农产品市场价格的相对稳定。现代农产品流通体系，是沟通生产与消费的重要桥梁和纽带，是现代农业发展的重要支撑体系之一。因此，需要从以下几方面着手：一是要创新农产品流通方式，充分利用现代信息技术手段，发展农产品电子商务、期货市场等现代交易方式。二是要加强农产品的营销服务，探索建立生产与消费有效衔接、灵活多样的农产品产销模式，建设新型农产品销售网络，减少流通环节，降低流通成本。三是要继续推动农产品物流配送企业向专业化、规模化、现代化方向发展，积极发展农产品连锁经营。四是要完善和拓展农产品批发市场的功能，建立起以现代物流、连锁配送、电子商务等现代市场流通方式为先导，以批发市场为中心，以集贸市场、零售经营门店和便利超市为基础，布局合理、结构优化、功能齐备、制度完善、具有较高现代化水平的农产品现代流通体系。

(3) 加强自律，发展订单农业，防范农产品市场风险。订单农业也称合同农业或契约农业，可有效地将产销双方的利益有机联结起来，实现"生产看市场，销售按合同"。农民按"订单"种养，企业负责"埋单"销售，既可提高农产品质量安全，又可降低风险，维护和保障农民的根本利益。要发展订单农业，应着重做好以下工作：第一，加强宣传力度，让农民真正认识到订单农业的价值所在，主动提高农产品的质量，使双方都能够依法签约、认真履约。第二，通过大力扶持农业产业化经营，培育订单主体，扩大订单规模，可以增强农产品抗风险能力。政府要加大财政扶持力度，增加信贷投入，主要是扶持龙头企业，引导龙头企业与农民通过"订单"结成利益共享、风险共担的集合型市场主体，增强农民的市场竞争力，减弱农业市场风险。第三，加强自律，通过内部的自我教育、自我管理和自我约束，树立诚信思想，坚持诚信行为。一要遵纪守法，诚实经营，特别是要自觉维护全局利益，防止低价竞销；二要坚持标准化生产，严格产品质量，维护品牌信誉；三要教育农民增强法律意识，增强企业和农民的法律观念，重合同、守信用；四要配合政府职能部门加强质检工作。通过加强农产品生产及销售部门的行业自律，发展订单农业，可有效保障农产品质量，提高防范农产品市场风险的能力。

9.1.10　科技创新，提高农业的科技含量

长期以来，我国农业科技政策体系与农民生计目标相脱离，忽略了农民的自主意识，接下来应当集中力量发掘传统农业的精华和乡土智慧，尊重农民的意愿，保护并发扬农民的生产积极性。就像美国著名经济学家舒尔茨说过的一样："在自己土地上的普通农民，具有超过来自富国的仅仅懂得经济学的专家的优势。他熟悉他的小块土地和当地气候，而且他能预期他的辛勤劳动将取得怎样的成功，而所谓的专家却一无所知。"

新的时期，我国农业正逐渐向着生产规模化、品种专业化、经营产业化、服务

社会化的方向发展。我国农业自然资源的人口承载力业已不堪重负，而长期以来我国推广的农业技术却是以资本、土地密集型为导向的，不仅没有利用好最广大的劳动力资源，反而使得贫富差距不断加大。因此，进一步加快农业科技创新，将大大提高农业生产水平，降低农业生产风险。当前，以育种技术、基因工程技术、生物信息技术等现代生物技术为支撑的现代生物农业发展很快。目前，世界现代生物农业技术发展已进入大规模产业化阶段。我国人口多，人均资源少，贯彻落实科学发展观，客观上要求我们必须抓住机遇，进行科技创新，又好又快地发展生物农业。

美国政府一直把农业的教育、研究和技术推广作为自己重要的职责。美国农业科学研究经费主要来自公共和私人（公司）两大系统，二者互相补充。前者侧重于基础研究和应用研究，后者侧重于新产品开发和应用研究。目前，我国农业科技进步贡献率只有49%，大大低于发达国家平均70%～80%的水平，农村劳动力中中专以上文化程度的仅占3.43%。为适应21世纪农业发展的要求，加快农业现代化进程，必须加大科技投入，发展农业科技，提高农业科技研发力度和推广力度，大力推进农业技术创新步伐。政府需要加大对农业基础科研的投资，有重点地完善一批农业基础科研设施建设，保证农业有充足的技术储备。政府还应该加强农业科技推广应用，逐步形成国家扶持和市场引导相结合、有偿服务与无偿服务相结合的新型农业技术推广体系，集合各方的力量，尤其是各大高校在校及未就业的大学生，将研制出的农业科研成果真正地落实到实践中。利用经过培训的合格人员将技术带到农村，免费向农民提供种植和养殖技术咨询服务，引导农民科学种田、科学养殖，由此提高农产品的产量和质量，降低成本，减少风险。

9.1.11 积极推动农村金融和农村信贷发展

改革开放以来，在党中央、国务院的高度重视下，农村金融的服务能力和水平有了明显提升，我国农村金融对推动农村经济发展起到了重要作用。2006年中央"一号文件"——《中共中央国务院关于推进社会主义新农村建设的若干意见》中就提出：加快推进农村金融改革；调整农业发展银行职能定位，拓宽业务范围和资金来源；继续发挥农业银行支持农业和农村经济发展的作用；大力培育由自然人、企业法人或社团法人发起的小额贷款组织；引导农民发展资金互助组织；规范民间借贷；稳步推进农业政策性保险试点工作，加快发展多种形式、多种渠道的农业保险。

目前，农村金融存在的主要问题：一是农村金融服务规模小，手段单一，难以满足农村经济主体多层次、多样化的金融需求；二是农村贷款主体单一，农业贷款利率高，加重了"三农"的负担；三是农民、农民经济合作组织和农村企业贷款难度大。

因此，就需要逐步健全充分的竞争机制，改变农村金融机构的"非农"偏好。通过政策性投资，拉动农村金融需求，降低金融机构开展农村金融业务的成本，增加各金融机构向农村拓展业务的积极性。可以鼓励有条件的地方,在严格监管、有效防范金融风险的前提下,通过吸引社会资本和外资,鼓励各种经济主体积极兴办直接为"三农"服务的多种所有制的金融组织。例如,培育民营银行,增强农村金融市场竞争活力;也可以对农村信用社进行组织形式多样的产权改革;还可以建立社区性金融机构;允许有组织的民间借贷在一定的法律框架内开展金融服务。为了鼓励商业金融对农业的投资,各级政府应当尽快建立适当的农业信贷风险补偿机制,如对支农信贷少提坏账准备,坏账核销由财政补偿等;还应在财政税收补贴等方面对农村金融机构更加倾斜,并且对准备金、利率等政策进行适当调整,加大对农村金融的支持力度,从而吸引各金融机构进入农村金融市场,为农业现代化进程中的资金投入提供保障。鼓励金融机构在小额信贷工具上不断创新,满足农村小额信贷需求;建立健全农民和农村企业的贷款抵押担保机制,针对农民和农村中小企业的实际情况,实施多种担保办法。

2017年9月22日,原农业部部长韩长赋在北京召开的金融服务农业现代化高峰论坛上指出,农业是国民经济的基础,事关十几亿人的温饱,事关亿万农民的生计,涵盖一、二、三各个产业,金融服务农业现代化是金融服务实体经济的重要领域。金融服务仍然是农业现代化建设的"短板",贷款难、贷款贵、保险少问题还比较突出,要坚持问题导向,加大金融投入;发展农村金融不能只看经济效益,还要考量社会效益;农村金融要多接乡土气,既要持续推进农业信贷、担保、投融资等方面产品的服务创新,也要强化机制创新,将补贴政策与金融工具结合使用。要深入推进农业供给侧结构性改革,推动金融资源更多地向"三农"倾斜;要进一步完善农村金融服务体系,推动农村金融服务创新,实现农业现代化与农村金融共赢发展[①]。

京东金融面向农村设计和打造的具有京东特色的农村金融模式就是一个很好的尝试。京东金融针对农村特点和农民需求,将逐渐成熟的理财、消费金融、保险、众筹等多条业务通过创新,应用到广大农村地区,通过金融服务加速建设和优化农村经济生态,助力农村经济发展,提高农民生活水平,构建全产业链农村金融服务。

9.2 发挥保险公司在应对农业风险中的主要作用

农业保险本是规避农业风险的重要策略,也是世贸组织允许的支持农业发展的"绿箱"政策之一,世界各国都普遍重视和大力发展农业保险。然而,我国农业保险在供需过程中陷入了"有效供给短缺"的严重市场失灵境地,难以满足农村经

---

① 农业部部长:推动农村金融服务创新,实现农业现代化与农村金融共赢发展. http://www.gov.cn/xinwen/2017-09/22/content_5226946.htm

济发展的实际需要。矫正供给失灵的关键在于降低交易成本，突出农业保险的正外部性，使农业保险经营有别于商业性保险，在政府对农业保险经营者的政策支持和财政补贴的基础上，积极推动我国政策性农业保险市场的发展，从而激活农业保险市场，为我国农业发展保驾护航。

保险公司处于直面农业风险的最前线，这一点决定了它的微观地位，在农业保险的具体运行中，如定损、理赔等都需要其发挥作用。但其自身正外部性等特征不但决定了完全商业化经营之路行不通，而且决定了其在风险规避中的宏观地位。

9.2.1 提高认识，转变意愿，增加农业保险供给

保险公司要认识到农业保险的地位和作用，要有社会责任意识，转变意愿，增加农业保险供给。

(1)农业保险可以维持农村社会稳定。农业保险的正外部性决定了其社会效益的外溢性，而这部分社会效益外溢财富就是维持农村社会稳定的经济基础。在家庭联产承包责任制下，农业生产所面临的自然、社会等风险都直接由农民来承担。各家农民由于生产结构不同，承担的农业风险相差悬殊，如一场自然灾害可能使部分农民损失惨重，生活陷入困境。但农业保险可以将少数人面临的风险损失在面临同类风险的农民间分散，给予其一定的经济补偿，帮助其恢复生产，保证其维持基本生活水平，从而促进农业的进一步发展、保持农村社会经济的稳定[①]。

(2)发展农业保险是提高我国农产品国际竞争力的需要。加入WTO后我国农业保护面临更复杂的局面。在实施农业保护时，必须采取以"绿箱"政策为主的间接方式。"绿箱"政策中《农业协定》规定之一就是允许农业保险支持和保护农业发展，以降低农产品的成本，提高农业生产率。这一政策也正是基于农业的弱质性和其他非贸易因素而制定的，国外已形成十分成熟的模式，因此，也应成为我国应对农业风险的主要手段。

(3)保险公司为降低自身成本而对投保对象进行的前、中、后的监管和保护，有利于减少农业灾害损失，降低农业风险。农业保险公司应贯彻"防赔结合"的风险管理方针，通过保前检查、开展安全宣传、制定并落实防灾预案、进行安全检查、奖励防灾安全工作有成绩的被保险人、实施防灾技术等一系列措施来减少灾害的发生。当灾害发生后，通过对保险标的的施救和救助，来减少农业灾害带来的损失。

(4)有利于保障农业投资安全，增加农民收入，从而提高农民的经济地位，改善农民的信贷处境。有农业保险作为农业风险的保障，农民可以放心地增加农业投入量，扩大农业再生产，从而有利于增加农民经济收入，提高农民经济地位。

---

① 刘京生.农业保险的两块基石：政策性、补贴性[N].中国保险报，2003-09-25(3).

农民经济地位的提高则有利于农民信贷处境的改善，农民能够更容易、更自由地获得贷款，从而有利于农业更好地发展。农业状况的改善又有助于吸引农业投资，为农业发展创造更宽松的资金环境，从而形成良性循环。所以，在我国这样一个农业发展落后、风险较大的农业大国，运用农业保险这种正规风险规避机制既是农业弱质性的需要，也是保护农业发展的表现。

9.2.2 主动与政府结合，积极发展政府主导下的政策性农业保险

从国外的实践来看，农业保险成为政府支持农业和农村发展政策的一部分，源于农业保险的正外部性特征。在市场经济高度发达的今天，保险公司以利润最大化为目标，逐渐压缩社会效益大、经济利润小的农业保险的业务规模，农业保险的发展始终处于低水平状态。发展和完善我国政策性农业保险势在必行。

当前，在国家的支持下，我国政策性农业保险试点正稳步推进。目前，已经开始扩大农业政策性保险试点范围，各级财政对农民参加农业保险给予保费补贴，完善农业巨灾风险转移分摊机制，探索建立中央、地方财政支持的农业再保险体系，鼓励龙头企业、中介组织帮助农民参加农业保险。国家通过实行多种形式的补贴，使农业保险成为有别于一般商业保险的政策性保险，最大限度地降低了农民风险。

大多数国家和地区的农业保险经营模式都是采取政府和市场相结合的方法，重点突出政府发展政策性农业保险的核心地位。因此，保险公司应主动推动创建政府主导的政策性农业保险运营模式，把农险产品当作准公共物品而非私人物品来对待；政府要对政策性农业保险的经营提供政策、财政、制度、专业技术人员等方面的便利条件。

我国农业和农业保险经营不力的现状及农业保险的正外部性特征，要求其不能等同于商业保险公司经营的其他险种，完全按商业模式经营；也不可能完全依赖政府财政补贴或照抄照搬外国的任何一种现成运营模式。应在借鉴、遵循国外先进经验和共性规律的基础上，立足我国国情和农情，着眼我国农业、保险业发展的客观实际，结合现有金融资源（主要是政策、财政），以政府支持、全社会广泛参与为导向，以农业政策性保险业务为主线，建立政府主导下的政策性农业保险运营模式。

政府主导的政策性农业保险运营模式的特点是按照政策性业务商业化运作的原则，实行委托经营。各商业保险公司应积极主动推动政府对农业保险给予免税和资金补贴，促使政府按不同险种制定不同的补贴比例，商业保险公司结合自身状况自愿申请经营项目，由政府从申请者中寻找成熟的、有影响的商业保险公司加以委托。这种模式能够发挥商业保险公司的人才和技术优势，可以利用其现有机构和人员，解决政府开办政策性农业保险的前期基础性投入资金量大的问题，加速农业保险发展进程，可大大节约交易过程中的成本。还可以在足够大的区域内

分摊风险，避免"逆向选择"和"道德风险"，可以借鉴车险投保方式，上一保险期限内未出现理赔的适当降低下一保险期限内的保费收取标准等，减少保险公司因与农民交易频率过高而产生个体频繁经营性交易成本。

尽管受各种条件所限，我国目前还没能力将农业保险的目标定位为福利政策，但至少应使其发挥保险最基本的分散风险与经济补偿功能，也就是使农业风险在尽可能大的范围内得以分散，提高农民灾后恢复生产和生活能力，提高农民从事农业生产经营的积极性，保障农业生产的持续性与稳定性，进而促进全国农村经济的持续稳定健康发展。

9.2.3 转型升级农业保险，开发适合我国农业风险的保险险种

现行国内农作物保险主要保障生产风险，即由于自然灾害、意外事故等造成保险农作物产量的下降，保险人负责赔偿。未来我国农业保险要担负起"支持农业发展、增加农民收入"的重任，必须加大产品和服务等供给侧改革，创新农业保险产品，实现转型升级。

一是从"保成本"向"保收入"转型，着眼提高保障程度。我国当前所开办的种植业保险主要为成本保险，即保险金额主要参照种植期内所发生的直接物化成本（包括种子成本、化肥成本、农药成本、灌溉成本等）确定；而收入保险补偿的是由于自然因素造成的产量波动和市场因素造成的价格波动带来的农民总收入减少的损失。未来我国农业保险要积极开展产量保险、价格保险和收入保险等，帮助农民化解自然和市场双重风险。二是从"地方自愿配套"向"中央统筹发展"转变，着眼理顺管理体制。按照我国现行的农业保险补贴政策，各省市应本着自主自愿的原则，向中央申请保费补贴；对于纳入中央财政补贴目录的品种，地方需要先行配套补贴后，方可享受中央财政保费补贴。三是由"粗放式补贴"向"精细化补贴"转型，着眼优化补贴政策。逐步取消基于面积的粮食种植直接补贴，加大基于风险和收入的农业保险补贴力度；建立全国统一的农险数据库，逐户逐人采集农民个人信息以及种养殖（植）标的信息，并与财政、农业部门的信息进行联网校对，加大数据准确性和全面性的核实力度，为完善农村金融市场奠定基础[①]。

保险公司应该在政府的补贴和支持下，积极拓展农业保险、涉农保险等三农类保险，防止农民"因灾致贫、因灾返贫"。具体可以从以下几个方面开展业务：一是继续扩大试点范围，增加险种，努力提高政策性农业保险的覆盖面，通过保险进一步放大财政资金的支农力度，确保国家支农、惠农、强农各项措施落到实处。除了继续扩大主要粮、棉、油和能繁母猪、奶牛的承保覆盖面外，要在有关政策支持下在有条件的地区积极开展试点。二是加快推进再保险和巨灾保险体系建设，防范农业保险巨灾风险和行业系统性风险。三是进一步推动和规范现有农

---

① 杨科技，王小韦．借鉴美国经验，推动我国农险转型升级[N]．中国保险报，2016-08-30(007)．

业保险业务的发展。切实防范风险特别要防范保险公司不规范经营带来的经营风险和政策风险，使保险支农、惠农的各项措施切实落到实处。四是探索建立农村信贷与农业保险相结合的银保互动机制。五是保险公司做好投保前提示和理赔公示制度，狠抓农业保险服务质量，加强监督检查，切实维护投保农民合法权益。

9.2.4 加强对农业保险的宣传和培训，提高农民保险意识

一方面，加强农业保险教育。农业保险市场的发展需要理性的投保人。农业是我国的基础产业，农民也是我国最主要的一个群体，在一段相当长的时间内，农民都将是农业保险的需求主体、保险公司最主要的生产和消费单位。因此，政府主导、商业保险参与，共同推进保险教育、保险知识普及宣传工作，可以提升农民保险素养、保险认知能力和保险意识，最大限度挖掘农业保险市场潜力。政府和保险公司通过宣传农业保险法律制度，将农业保险与乱摊派严格区分，向农民讲清保险的道理和投保的益处，要以优惠性的政策引导，逐步增强农民转移分散风险的保险意识，让农民感受到看得见、摸得着的利益，从根本上提高农民的风险意识和投保积极性。同时，还应该对农民加强相关政策和《中华人民共和国保险法》的培训，使农民明白农业保险的重要作用，减少骗保等不良现象的发生，提高农民对农业保险的信任度，增强农业保险对农民的吸引力。

另一方面，改善农业保险宣传普及的时机和方式。政府及保险公司可以抓住大灾之后生产自救的契机，采取平面媒体、保险咨询等方式，宣传农业保险机制，介绍农业保险的意义和价值，做到真正地为农业的健康发展服务。也可以借助农民利益集团，宣传、推进农业保险，上门为农民讲解投保的好处和方法。在信息化建设发展的背景下，还应该积极利用信息化手段，借助互联网，加大对农业保险随时随地的宣传。

9.2.5 加强农业保险专业人才建设和培养

通过农业保险专业人才的培养，可以间接降低农业保险的交易费用。在农业保险专业人才方面，我国目前缺少专门人员和专门机构，农业保险系统专业人才的匮乏使得农保机构承受着技术上的高成本。为此，必须采取有效措施，例如积极与高校合作培养"农业保险订单人才"，加强农业保险系统专业人才的组织建设，满足保险对象高度分散、技术性强、情况复杂的要求。同时，应充分借鉴国外先进经验，在保险公司内部，通过对现有人员开展在职培训，培养出一批适合我国农情、适合农业保险市场需要的高层次、外向型的保险专业人才。这些高层次的技术人员，可以利用现代科技技术，完善保险理赔手段，帮助农保机构降低技术上的高成本。例如，在核定农业风险损失时，可以及时通过现场拍照、拍摄视频等手段查勘风险损害情况，就像车损查勘，手机拍照上传，不一定需要定损人员到现场，这样就可以节约成本，而且在当前的技术水平下，这些都是能够实现的。

9.2.6 积极创新,发展新型风险应对模式

保险公司应该加强与信贷、期货等金融服务的协调配合,积极创新。例如,推动农业保险和信贷联动的"保险+信贷"产品创新,通过农业保险与信贷条款的联动,购买农业保险的农民贷款风险降低,银行信用风险降低,可以降低农民贷款利率,促进农民对农业保险的需求;另外,可以推进保单质押,促进信贷市场发展[1]。还可以推动"保险+期货或期权"组合管理工具的发展,为相关产业提供发现价格和对冲风险的工具等。

在2016年召开的"第五届风险管理与农业发展论坛"暨"保险+期货"专题座谈会上,原中国保监会财产监管部副主任何浩介绍说,2016年以来,已经有8家保险公司获得了"保险+期货"试点批复,在全国12个省份已经开展了试点,涉及大豆、玉米、鸡蛋、白糖、棉花等品种。据中国人民财产保险股份有限公司副总裁王德地介绍,2015年以来,人保财险就开始积极探索"保险+期货"模式,推出了玉米、鸡蛋期货价格保险,为农民农业生产规避价格波动风险、完善农业保险风险分散机制提供了全新的保障思路。通过推行试点,"保险+期货"模式已取得了初步成效,农民保证收益,合作社稳定经营,保险公司和期货公司利用专业优势获取了合理收益,实现了一个风险转移的闭环[2]。

大连商品交易所总经理王凤海认为,保险公司依据大商所农产品期货价格开发农产品价格保险产品;农民、合作社及涉农企业通过购买保险公司的农产品价格险确保收益;保险公司通过购买期货公司风险管理子公司的期权产品进行再保险;期货公司风险管理子公司在大连期货市场进行期权风险对冲操作,进一步将风险转移和分散。

9.2.7 组建农业保险合作组织,降低交易成本

在完善商业性农业保险机构的同时,促进农业保险组织创新,推进互助性、合作性农业保险的发展,利用互助保险在控制道德风险、运营成本方面的制度优势,推进农业保险的普惠性发展。对此,保险公司应该打破传统的农业保险经营理念,根据我国的农业经营情况,理出农业发展的分布特点,建立农业保险专业合作组织,尽最大可能地消除交易过程中的成本,从而促进农业保险在我国的发展。例如,上海农业开发区最有代表性的农业保险专业合作社模式。上海农业开发区将"农业保险专业合作社模式"界定为"在农村家庭承包经营的基础上,广大农民依据加入自愿、退出自由、民主管理、盈余返还的原则,按照章程对农业保险进行共同供给、经营、服务活动的互助性经济组织"。这样处理意在强调这样一个

---

[1] 吴本健,马九杰. 以政策性农业保险促进农民脱贫增收[N]. 光明日报,2017-07-18(11).
[2] 贾泽娟. 创新机制应对农业风险[N]. 农村金融时报,2016-11-14(B6).

现实：目前我国的农业保险供需者大多是分散经营、零散消费，交易面临的不确定因素太多，而采用农业保险合作社模式则可以大大降低交易过程中的各种成本。

农业保险的发展，增强了农民抗风险能力和灾后恢复能力，确保了农业生产和农民生活的稳定，促进了国家农业产业政策、粮食安全战略和支农惠农政策的落实，为社会主义和谐社会建设发挥了积极的作用。

9.3 发挥多层次应对农业风险的微观主体——农民的作用

由于我国农民数量基数大、分布广，农民人力资本低下、大多数是风险厌恶者，很多家庭以农业为主要经济来源，而且农民是直面农业风险最前线的"第一人"，这就决定了农民的微观地位和非正规风险规避机制的运用背景。只有看到这种传统机制的作用有限并加以引导，才能最大限度地发挥其微观作用，才能提高农民收入。只有广大农村建设好了，农业发展好了，农民收入增加了，才能提高农民自身文化素质，才有能力购买保险，才能更积极地采用正规机制规避风险，才能体现出社会福利外溢性。

9.3.1 增强农民投保意识，提高投保需求

目前，我国大多数农民都有一定的风险意识，但是保险意识却普遍淡薄。大部分地区、大部分农民还存在认识上的误区，认为参不参加农业保险无所谓，一些农民甚至根本就没有保险意识。在一些以农业为基本生存条件的地方，只有当灾害事故发生并遭受巨额损失后，一些农民才意识到保险的必要性，投保人保险意识的淡薄必然阻碍农业保险的整体发展。从农民的角度看，一部分农民不接受保险，认为农业保险是负担，是一项不必要的支出，增加了农业生产的成本；而另一部分投保的人担心发生风险后得不到赔款。所以，必须采取各种强有力的措施，让农民转变观念，主动适应新形势，认识到农业保险的重要作用，增强农民投保意识，提高投保需求。

9.3.2 提升农民人力资本，强化科技预防

对农民在微观上形成的非正规风险规避机制，应当充分发挥其优势，规避其局限性。应该通过提高全国农村教育水平，提升农民人力资本，为推行正规机制打基础。最终，使正规和非正规机制互相补充，形成综合的风险应对体系，最大可能地减少农业风险波动对农民所造成的影响，提高农民的风险应对能力。

我国广大农民自身的综合素质决定了其没有足够的能力利用农业新技术、新品种，更不能完全利用农业科技信息、气象预报信息等来规避农业风险。要使农民整体的素质上升到一个较高层次，就必须大力加强农村基础教育，使新生代农民素质有较可靠保障，进而逐渐使农民整体文化素质得到较大提高。近些年来，国家已经在逐步加强对农村基础教育的投资力度，例如实施"两免一补"政策。而且广大农民也意识到了教育对自身的重要意义，越来越多的农民开始增加对孩子教育的投资。

此外，要加快发展农村职业技能教育、农民的专业技术培训和农村成人教育，扩大覆盖面和普及程度，组织动员社会力量广泛参与农民转移就业培训，增强农村劳动力的就业能力，提高农民收入。为了适应市场竞争需要，要加快培育有较强市场意识、较高生产技能、一定管理能力的现代农业经营者。农民专业技术培训和职业技能教育是实施科技兴农战略的首要步骤。面向全体农民，摸清不同受教育程度的农民的不同需要，制订全面、长期的培训计划和方案，分阶段、分层次、扎实有效地对已经成为劳动力的农民进行职业技能培训，使他们有一技之长，自身素质、谋生能力都得到提高，这对改善农民整体文化科技素质具有十分重要的意义。作为新时代的职业农民，随时随地关注农业技术的更新，学习新技术当然是必不可少的。随着移动互联网时代的到来，参加培训的方式不再局限于各种培训班，可以通过手机、计算机等新媒体进行学习。

在国家号召发展现代农业、发展高科技农业的今天，只有提高了农村人力资本，才能使农民认识到高科技农业的潜在利润，农民才会变被动为主动去接受高科技农业和农业保险，成为推广应用的主体。只有农民自己掌握了农业科学技术，才有可能真正地提高农业的科技含量和附加值。农民只有提高自身素质，才能理解农业保险的作用，才会积极地购买农业保险。因此，农民要加强自身学习，积极参加各级政府或非营利性机构组织的新农业科学技术培训或规避农业风险的专业技能培训，逐渐适应发展现代农业对农民素质的基本要求。

9.3.3 完善农村金融市场，强化农民在农业风险防范上的主体作用

在长期的实践中，农民已经创造出许多有效的机制来应对风险。从我国目前的现实来看，以农民为主的传统防护模式的作用虽然在下降，但其作用仍然不可被替代，农民仍是农业风险防范的主体，而且在当前的各种约束条件下也不可能很快就建立起完善的风险防范体系。应该对农民较强的风险回避倾向给予充分的尊重，采取适当政策引导，强化非正规风险规避机制的作用，这将有助于低成本地规避农业风险对农民生活的冲击。跨时期消费平滑机制在农民应对农业风险中虽有一定作用，但仍然没有充分发挥出来，这与当前我国相对落后的农村金融市场相一致。当前，可以从以下两个方面改善农村金融市场，提高农民自身防范农业风险的能力：

一方面，改革我国农村信用合作社现有贷款制度。从帮助农民应对风险的角度出发，借鉴菲律宾等国为应对农业风险筹集资金的经验。首先，坚持为农民服务的宗旨。农村信用合作社改革的合理方向是真正恢复其农民"合作"的性质，使其真正成为"农民自己的银行"。其次，增加对农民的放贷量，即增加消费贷款的发放，这不仅能够减少农民收入的波动，如果考虑到农民投资农业的正外部影响，还将有助于社会福利的提高。最后，促进农村金融供给的多元化。

另一方面，规范非正式信贷的发展。民间信贷由于能够较好地解决农民从正规机构贷款难的问题，事实上在满足我国农民的借贷需求方面发挥着较为重要的作用。但是，由于其发展得不到政府的认可和法律的保护，一度成为政府监管当局围追堵截和取缔的对象，所以只能以"地下金融"的方式存在和发展。笔者认为，如果从提高农村信贷供给能力和农村信贷效率的角度出发，非正式借贷应当在政府的规范和监督下，逐步走向规范化和合法化，成为正式借贷的强有力的竞争力量和有效补充方式。这样一来，通过鼓励多种形式农村金融的发展，既可促进正式借贷机构改善农村金融服务质量，又可以增加农民贷款供给量，从而帮助农民更好地通过跨时期消费平滑机制来应对农业风险。

9.3.4　建立和完善农民利益集团，加强农业合作经济组织建设

无论是发达国家还是发展中国家，若对利益集团的活动和影响熟视无睹并不加制约，其后果着实是不堪设想的。但是，简单地将利益集团认定为现代社会的"万恶之源"，似乎并不恰当。现代社会利益结构的多元化使得利益集团的存在具有客观必然性。因此，政府一方面应尽可能地控制利益集团的负面影响；另一方面应成立专门保护农民利益的组织或部门，引导农民成立自己的组织，提高农民的政治地位，通过这些举措使农民利益得到更好的保障，为正规机制的运行打好基础。2007年的中央"一号文件"就为我们建立和完善农民利益集团指明了方向："大力发展农民专业合作组织。"可以利用农村的社会网络机制，先建立农村小范围的农民利益组织，政府对其发展给予政策性指导，力争打破国内至今没有正规农民利益集团的局面。

在激烈的市场竞争中，农民为了降低生产成本、提高盈利水平，就需要通过合作制联合起来，借助外部交易规模的扩大，节约交易成本，提高在市场竞争中的地位。同时，还可通过扩大经营规模，提高机械设备等的利用率，寻求规模效益。农业合作经济组织按照合作的领域可以分为生产合作、流通合作、信用合作和其他合作。各地可以加快制定推动农民专业合作组织发展的实施细则，探索适合我国农业和农村发展特点的农民合作组织形式，采取有利于农民专业合作组织发展的税收和金融政策，着力支持农民专业合作组织开展市场营销、信息服务、技术培训、农产品加工储藏和农资采购经营，提高千家万户的小生产者在千变万化的大市场中的竞争能力和经济效益，促进现代农业的发展。

9.3.5 切实增加农民收入,提高其购买保险的能力

影响农民购买保险最大的制约因素就是农民纯收入有限。目前,农村家庭人均纯收入相对依然不高,农民虽有风险意识,对农业保险有潜在的需要,但面对购保高额的交易费用,存在犹豫心理或不愿通过购买农业保险来转移风险,只能通过自救或多种经营等其他措施减轻、转移风险。从供需理论出发,必须解决农业保险严重市场失灵的问题。矫正需求失灵的关键不在于政府对农民直接的财政补贴,而在于从根本上提高农民人均纯收入,农民只有富起来了,才能积极地购买农业保险,才会有农业保险市场的发展和兴旺,农业保险的潜在需求增加与有效需求不足的矛盾才能得以缓解。根据马斯洛需求理论(图9-1),人们只有满足生理需要(衣、食、住、行等)之后才能上升到更高一层次——安全需要(财产、工作、健康等)。如果农民连温饱问题都未解决,即使保险公司和政府把农业保险说得再好,农民也不会主动去购买农业保险,何况农业保险的价格还比较高。因此,要想农民购买农业保险,把这种潜在需求变成有效需求,最根本的途径就是提高农民的收入水平,提高其购买力。

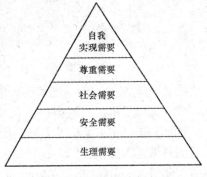

图 9-1 马斯洛需求层次图

9.4 小结

总之,在应对农业风险中,农民和保险公司是处在第一线的微观对象。农民应对农业风险的非正规规避机制作用有限,为更好地应对农业风险还需发挥农业保险这一正规机制的作用,必须突出政府的宏观基础地位,强化保险公司宏、微观的双重地位。只有确立了政府的宏观地位,才能对两个微观对象进行政策和资金上的扶持和补贴,从而打破我国低迷已久的农业风险防范现状,建立起应对农业风险的多层次体系。

第 10 章　总结

2012年，我国所需的主要农产品几乎都要进口，当年水稻进口了230万吨，小麦进口了360万吨，玉米进口了540万吨，大豆进口了5 800万吨。2013年，我国粮食进口量继续高速增长，以大豆进口为例，2012年是5 800万吨，2013年是6 300万吨，2014年超过7 000万吨，我国只生产了1 200万吨。这组数据说明，我国是需要世界粮食的，我国未来最危险的产业当属农业。照目前这种趋势下去，若干年后，如果13亿人的吃饭问题要依赖进口，那我们这个民族就会面临生存危机，国家安全与稳定必将受到严重威胁。习近平总书记在十九大报告里也明确表明"确保国家粮食安全，把中国人的饭碗牢牢端在自己手中"。

但是，由于在农业生产过程中存在多种农业风险，会直接或间接影响农民的收入，这导致农民不愿意经营农业或进行农业投资以减少支出。遵循自然规律和经济规律，按照以防为主、防治并举的原则，采取综合措施，防范和减轻农业风险，既有利于建立农民收入稳步增长的长效机制，也有利于粮食生产安全、食品安全、生物安全和生态安全，还有利于保护城乡广大农产品消费者的利益，在多方面具有重要的现实意义和战略意义。因此，必须借鉴世界其他国家应对农业风险的成功经验，积极构建适合我国国情的农业风险应对机制，确保中国农产品具有国际竞争力，确保中国粮食安全和农业安全。

当前，中国经济发展进入新常态，农业发展也正处于社会加速转型的敏感期，在这个快速转变的过程中，无疑会出现很多意想不到的新难题，这就需要政府前瞻性地在政策上予以引导和保护，并在必要的情况下进行有效的管理管制。充分发挥市场和政府的作用，健全完善农业保险制度框架，推进农业保险产品创新，鼓励发展多元化农业保险机构，建立健全农业保险基层服务体系，加快发展适应我国现代农业发展需要的农业保险事业。在保证农业生产稳定、供给充足的情况下，还要运用适当手段对市场的风险源进行有效控制，以最小的代价减少农产品市场的波动，缩短农产品供求调控时滞，增强市场调控的精确度，使农业和农民获得最大的保障，确保农产品市场供应和保障人民生活，这也应该是政府关注的重点。

在政府层面上保证农产品供给数量上的安全，同时实现农民实际收入的显著提高，是新农村建设中的一大难点。农业是经济发展、社会安定、国家自立的基础。要立足中国的基本国情来认识农业发展问题的重要性与紧迫性，要充分估计应对农业风险在农业发展中的重要性，要尽可能地降低农业风险对农业发展和农村经济的不利影响，要更加完善农业政策，使我国农民收入能够持续稳定增长、农业持续健康地向前发展，最终构建城乡一体的和谐社会！

参 考 文 献

[1] Alderman H, Paxson C. Do the Poor Insure? A Synthesis of the Literature on Risk and Consumption in Developing Countries? World Bank Policy Research Working Paper No. 1008[J], 1992(10).

[2] Brennan J P. The Representation of Risk in Econometric Models of Supply: Some Observations[J]. Australian Journal of Agricultural Economics, 1982, 26(52).

[3] Clive Smallman. Challenging the Orthodoxy in Risk Management[J]. Safety Science, 1996, Vol. 22, No. 1—3: 245—246.

[4] S. Dercon. Income Risk, Coping Strategies and Safety Nets[J]. World Bank Research Observer, 2002, 17(2): 141—166.

[5] Deaton, Angus. Saving and Income Smoothing in Cote d'ivoir[J]. Journal of African Economics, 1992, 1(1): 1—24.

[6] Eswaran, Kotwal. Credit as Insurance in Agrarian Economies[J]. Journal of Development Economics, 1989, 31(1): 37—53.

[7] Sahlin, Marshall. Stone Age Economics[M]. New York: Aldine de Gruyter. 转引自：[美]普兰纳布·巴德汉, [美]克里斯托弗·尤迪. 发展微观经济学. 陶然, 等, 译. 北京：北京大学出版社, 2002.

[8] Marcel Fafchamps. Solidarity Network in Preindustrial Societies: Rational Peasants with a Moral Economy[J]. Economic Development and Culture Change, 1992, 41(1): 145—174.

[9] Morduch J. Income Smoothing and Consumption Smoothing[J]. Journal of Economic Perspectives, 1995, 9(3): 103—114.

[10] Barry K Goodwin. Problems with Market Insurance in Agriculture[J]. American Journal of Agricultural Economics, 2001(8): 75—76.

[11] Shiva S Makki, Agapi Somwaru. Farmers' Participation in Crop Insurance Markets: Creating the Right Incentives[J]. American Journal of Agricultural Economics, 2001, 83(3): 662—667.

[12] March, James, Shapira, Zur. Variable Risk Preferences and the Focus of Attention[M]. Psychological Review. 1992, 99(1): 172-183.

[13] Moschini G, David A Hennessy. Uncertainty, Risk Aversion and Risk Management for Agricultural Producers. [M]// Handbook of Agricultural, Economics. Amsterdam: Elsevier Science Publishers, 2000.

[14] Hardaker J B, Huirne R B M, Anderson J R. Coping with Risk in Agriculture[M]. Wallingford: CAB International, 2004.

[15] M. Boehlje. Risk in U. S. Agriculture: New Challenges and New Approaches[Z], 2002.

[16] Arrow K J. Uncertainty and The Welfare Economics of Medical Care[J]. The American Economic Review, 1963, 53(5): 914-973.

[17] Hazell P, Pomareda C, Valdes A. Crop Insurance for Agricultural Development: Issues and Experience. Baltimore: The Johns Hopkins University Press, 1986: 322.

[18] Goodwin, Smith. The Economics of Crop Insurance and Disaster Aid[M]. Washington D. C.: The AEI Press, 1995.

[19] Goodwin, A. P. Ker. Nonparametric Estimation of Crop Yield Distributions: Implications for Rating Group-Risk(GRP)Crop Insurance Products [J]. American Journal of Agricultural Economics, 1998, 80(1): 139-153.

[20] Glauber J W, Collins J. Crop Insurance, Disaster Assistance and The Role of the Federal Government in Providing Catastrophic Risk Protection [J]. Agricultural Finance Review, 2002, 62(2): 81-101.

[21] [美]沃伦·F·利，米歇尔·D·波尔吉，艾伦·G·纳尔逊，等. 农业风险及其评估[J]. 农业经济译刊, 1991(1): 49-53.

[22] [美]詹姆斯·C·斯科特. 农民的道义经济学：东南亚的反叛与生存[M]. 程立显，刘建，等，译. 南京：译林出版社，2001.

[23] [英]弗兰克·艾利思. 农民经济学[M]. 胡景北，译. 上海：上海人民出版社，2006.

[24] [美]加里·S·贝克尔. 人类行为的经济学分析[M]. 王业宇，陈琪，译. 上海：上海三联书店，上海人民出版社，1993.

[25] [美]普兰纳布·巴德汉，克里斯托弗·尤迪. 发展微观经济学[M]. 陶然，等，译. 北京：北京大学出版社，2002.

[26] [美]戴维·罗默. 高级宏观经济学[M]. 苏剑，罗涛，译. 北京：商务印书馆，1999.

[27] [美]D·盖尔·约翰逊. 经济发展中的农业、农村、农民问题[M]. 林毅

夫，赵耀辉，译．北京：商务印书馆，2004．

[28][美]R·H·科斯，A·阿尔钦，D·诺斯，等．财产权利与制度变迁[M]．上海：上海三联书店，上海人民出版社，1994．

[29][美]曼瑟尔·奥尔森．集体行动的逻辑[M]．陈郁，郭宇峰，李崇新，译．上海：上海三联书店，上海人民出版社，1995．

[30]张杰．国家的意愿、能力与区域发展政策的选择——兼论西部大开发的背景及其中的政治经济学[J]．经济研究，2001(3)：69－74．

[31]张杰．中国农村金融制度调整的绩效：金融需求视角[M]．北京：北京中国人民大学出版社，2007．

[32]张杰．中国农村金融制度：结构、变迁与政策[M]．北京：中国人民大学出版社，2003．

[33]张杰．经济变迁中的金融中介与国有银行[M]．北京：中国人民大学出版社，2003．

[34]林毅夫．关于制度变迁的经济学理论：诱致性制度变迁与强制性制度变迁[M]．//[美]R·H·科斯，A·阿尔钦，D·诺斯，等．财产权利与制度变迁．上海：上海三联书店，上海人民出版社，1994．

[35]林毅夫，蔡昉，李周．中国的奇迹：发展战略与经济改革[M]．上海：上海三联书店，上海人民出版社，2012．

[36]林毅夫．再论制度、技术与中国农业发展[M]．北京：北京大学出版社，2000．

[37]方福前．公共选择理论：政治的经济学[M]．北京：中国人民大学出版社，2000．

[38]温铁军．农户信用与民间借贷研究研究报告[EB/OL]．中经网50人论坛，2001－06－07．

[39]庹国柱，李军．农业保险[M]．北京：中国人民大学出版社，2005．

[40]庹国柱，李军．我国农业保险试验的成就、矛盾及出路[J]．金融研究，2003(9)：88－98．

[41]庹国柱，王国军．中国农业保险与农村社会保障制度研究[M]．北京：首都经济贸易大学出版社，2002．

[42]庹国柱，丁少群．论农作物保险区划及其理论依据[J]．当代经济科学，1994(3)：64－69＋41．

[43]白永秀，马小勇．发展中国家非正式保险理论述评[J]．经济学动态，2007(2)：89－94．

[44]马小勇．中国农户的风险规避行为分析——以陕西为例[J]．中国软科学，2006(2)：22－30．

[45]马小勇，白永秀．经济转型中农户非正规收入风险处理机制的变迁[J]．

财经科学, 2007(9): 53—60.

[46] 陈传波, 丁士军. 中国小农户的风险及风险管理研究[M]. 北京: 中国财政经济出版社, 2005.

[47] 陈传波. 农户风险与脆弱性: 一个分析框架及贫困地区的经验[J]. 农业经济问题, 2005(8): 47—50.

[48] 陈传波. 中国农户的非正规风险分担实证研究[J]. 农业经济问题, 2007(6): 20—26.

[49] 杨卫军. 人力资本视角的农民增收[D]. 西安: 西北大学, 2006.

[50] 韦苇, 杨卫军. 农业的外部性及补偿研究[J]. 西北大学学报(哲学社会科学版), 2004(1): 147—152.

[51] 杨卫军, 郭晨阳. 农业保险的低水平均衡: 交易费用及外部性视角的分析[J]. 农村经济, 2010(1): 82—85.

[52] 尤春霞, 姜俊臣, 程伟民, 等. 论农业保险体系中存在的问题及对策[J]. 河北农业大学学报(农林教育版), 2003(1): 47—49.

[53] 陶建平, 董菊红, 张振. 推动我国政策性农业保险发展[J]. 商业时代, 2004(24): 40—41.

[54] 吴红军. 组织创新是建立政策性农业保险制度的前提——经济学家温铁军博士访谈录[N]. 金融时报, 2004-08-21.

[55] 王国敏, 张琳. 农产品期货市场——我国农业风险转移的最佳模式[J]. 经济体制改革, 1995(1): 99—103.

[56] 冯文丽. 我国农业保险市场失灵与制度供给[J]. 金融研究, 2004(4): 124—129.

[57] 冯文丽. 农业保险理论与实践研究[M]. 北京: 中国农业出版社, 2008.

[58] 张帆. 环境与自然资源经济学[M]. 上海: 上海人民出版社, 1998.

[59] Milton Boyd, Jeffrey Pai, 易细纯, 等. 加拿大农业保险的经历和经验[J]. 中国农村经济, 2007(2): 72—76.

[60] 徐雪高, 沈杰, 靳兴初. 农业风险管理: 一个研究综述[J]. 首都经济贸易大学学报, 2008(5): 84—90.

[61] 李靖, 徐雪高, 常瑞甫. 我国农业风险的变化趋势及风险管理体系的构建[J]. 科技与经济, 2011, 24(2): 54—58.

[62] [美] 段开龄. 风险及保险理论之研讨[M]. 天津: 南开大学出版社, 1996.

[63] 陈玲. 论我国农业保险发展模式的选择[J]. 上海金融学院学报, 2001(1): 45—47.

[64] 宏涛, 张梅. 农业保险经营模式的经济学分析[J]. 农村经济, 2004(10): 71—72.

[65] 王锡桐. 城乡统筹与我国农业保险发展[J]. 经济体制改革, 2004(1): 41—43.

[66] 任巧巧. 如何为农业掌好"保护伞"[J]. 宏观经济管理, 2002(2): 41—43.

[67] 龙文军. 农业保险行为主体互动研究[D]. 武汉: 华中农业大学, 2003.

[68] 蔡明超, 杨朝军. 风险价值系统计算方法及其有效性分析[J]. 宁夏大学学报(自然科学版), 2002, 23(1): 15—18.

[69] 叶静怡. 发展经济学[M]. 北京: 北京大学出版社, 2007.

[70] 李成贵. 国家、利益集团与"三农"困境[J]. 经济社会体制比较, 2004(5): 57—66.

[71] 孙璇. 我国农业保险的难点和发展模式[J]. 统计与决策, 2005(14): 110—111.

[72] 谢红苗, 武建奇. 影响中国交易费用的因素分析[J]. 经济与管理, 2009(6): 25—28.

[73] 费友海. 我国农业保险发展困境的深层根源——基于福利经济学角度的分析[J]. 金融研究, 2005(3): 133—134.

[74] 费友海, 张新愿. 对我国农业保险发展困境的经济学分析[J]. 保险职业学院学报, 2004(4): 10—12.

[75] 朱伟明. 日本农业保险制度及借鉴[J]. 金融纵横, 2011(2): 41—44.

[76] 盛洪. 让农民自己代表自己[N]. 经济观察报, 2003—01—27.

[77] 刘京生. 农业保险的两块基石: 政策性、补贴性[N]. 中国保险报, 2003—09—25(3).

[78] 张国鹏, 华静, 王丽明, 等. 美国农业风险管理体系及对中国的借鉴[J]. 世界农业, 2015(3): 91—97+107+217—218.

[79] 马子红, 黄珊, 马兴泉. 国内外农业保险发展研究的理论述评[J]. 生产力研究, 2016(5): 153—157.

[80] 朱淑珍. 金融风险管理[M]. 北京: 北京大学出版社, 2012.

[81] 王明涛. 金融风险计量与管理[M]. 上海: 上海财经大学出版社, 2008.

[82] 郭晓亭, 蒲勇健, 林略. 风险概念及其数量刻画[J]. 数量经济技术经济研究, 2004(2): 111—115.

[83] 叶青, 易丹辉. 中国证券市场风险分析基本框架的研究[J]. 金融研究, 2000(6): 68—73.

[84] 胡宣达, 沈厚才. 风险管理学基础——数理方法[M]. 南京: 东南大学出版社, 2001.

[85] 刘学文. 中国农业风险管理研究: 基于完善农业风险管理体系的视角[D]. 成都: 西南财经大学, 2014.

[86] 王吉恒, 李红星. 农业风险效应与农民行为[J]. 黑龙江八一农垦大学学

报,2003(2):111-115.

[87]史清华,姚建民.农业风险管理模式的评析与选择[J].经济问题,1994(6):11-14.

[88]孙良媛,张岳恒.转型期农业风险的特点与风险管理[J].农业经济问题,2001(8):20-26.

[89]张叶.论农业生产风险与农业产业化经营[J].浙江学刊,2001(2):88-91.

[90]刘惟洲.论高科技在化解农业风险中的作用[J].农业现代化研究,2002(3):67-69.

[91]刘凤芹.不完全合约与履约障碍——以订单农业为例[J].经济研究,2003(4):22-30+92.

[92]曾玉珍,穆月英.农业风险分类及风险管理工具适用性分析[J].经济经纬,2011(2):128-132.

[93]唐兴霖,刘杰.发展与规范新型农村合作经济组织——基于宝鸡市的调查分析[J].学术研究,2007(8):66-70.

[94]张文宏,阮丹青.城乡居民的社会支持网[J].社会学研究,1999(3):14-19+22-26.

[95]杜立捷.社会支持网络与村庄经济生活[J].华东理工大学学报(社会科学版),2001,16(3):36-42.

[96]刘建国.我国农户消费倾向偏低的原因分析[J].经济研究,1999(3):54-60+67.

[97]曹力群.当前我国农村金融市场主体行为研究[J].金融论坛,2001(5):6-11+33.

[98]何广文.农村金融改革及创新路径探讨[N].金融时报,2005-05-19.

[99]周立.还原农村金融真面目[J].银行家,2005(8):30-35+5.

[100]郭颂平.中国农业保险供需"双冷"的经济解释[J].广东金融学院学报,2009(4):104-113+130.

[101]姜岩,褚保金.交易成本视角下的农业保险研究——以江苏省为例[J].农业经济问题,2010,31(6):91-96.

[102]赵莹.论我国农业保险的供给体系的构建[D].成都:西南财经大学,2005.

[103]叶晓凌.信息不对称与农业保险有效供给的经济分析[J].商业研究,2007(2):119-123.

[104]张跃华,顾海英,史清华.农业保险需求不足效用层面的一个解释及实证研究[J].数量经济技术经济研究,2005(4):83-92.

[105]边媛.推进农业信息化,提升防范农业风险能力[J].安徽农业科学,

2004(5):1055-1057.

[106] 石秀和. 建立我国农业风险保险保障体系的思考[J]. 中国农村经济, 1996(7):67-69.

[107] 刘冬姣, 张旭升. 我国农业保险需求的相关因素分析[J]. 江西财经大学学报, 2011(5):55-61.

[108] 谷政, 卢亚娟, 张维, 等. 基于险种和承保水平视角的农业保险需求分析[J]. 保险研究, 2012(11):75-81.

[109] 赵君彦, 王健, 乔立娟. 基于Logit模型的农业保险需求影响因素分析——对河北省300农户的调查[J]. 江苏农业科学, 2013(10):387-389.

[110] 赵桂玲, 周稳海. 基于面板数据农业保险需求的影响因素[J]. 江苏农业科学, 2014(6):421-423.

[111] 唐德祥, 周雪晴. 中国农业保险有效需求的影响因素研究——基于2007—2013年省际面板数据的实证检验[J]. 南方金融, 2015(6):62-69.

[112] 陈珏. 法国、印度、日本农业保险体系探析及启示[J]. 世界农业, 2016(7):188-191.

[113] 吴孔明. 我国农业生物灾害应急管理现状、存在问题及解决对策[J]. 中国应急管理, 2009(3):12-14.

[114] 李莉. 农民收入水平与受教育状况相关性分析[J]. 广西社会科学, 2006(7):166-169.

[115] 王永莲. 我国农村公共产品供给机制研究[D]. 西安:西北大学, 2009.

[116] 鲁静芳, 左停, 苟天来. 中国农业发展的现状、挑战与展望[J]. 世界农业, 2008(6):17-19.

[117] 任廷旭. 农业保险:现实与选择[J]. 农村财政与财务, 2002(2):2-3.

[118] 李学荣, 张利国. 非正式制度对农户道德风险行为影响的实证分析——基于389户农户的调查[J]. 农林经济管理学报, 2017, 16(3):334-342.

[119] 肖海峰, 王姣. 我国粮食综合生产能力影响因素分析[J]. 农业技术经济, 2004(6):45-49.

[120] 王永生. 论美国利益集团发展对我国的启示[J]. 学术界, 2008(2):283-288.

[121] 李勤昌, 石雪. 日本强化农业保护的经济与政治原因[J]. 现代日本经济, 2014(2):48-58.

[122] 王军杰. 印度农业国内支持制度的完善及对我国的启示[J]. 农村经济, 2011(8):126-129.

[123] 刘雨欣, 费佐兰. 日本农业扶持政策体系及启示[J]. 中国集体经济, 2011(1):197-198.

[124] 贾泽娟. 创新机制应对农业风险[N]. 农村金融时报, 2016-11-14(B6).

[125]冯登艳,张安忠,马卫平.新农村建设中的农业保险问题[M].北京:知识产权出版社,2009.

[126]杨科技,王小韦.借鉴美国经验,推动我国农险转型升级[N].中国保险报,2016-8-30(007).

[127]吴本健,马九杰.以政策性农业保险促进农民脱贫增收[N].光明日报,2017-07-18(11).

[128]世界银行.2000/2001年世界发展报告:与贫困作斗争[M].北京:中国财政经济出版社,2001.

[129]韩俊.农产品价格形成机制和收储制度是改革硬仗.http://opinion.caixin.com/2016-12-18/101028236.html.

[130]刘植荣.中国农产品比外国贵这么多该咋办?http://www.360doc.com/content/14/1210/13/739288_431760942.shtml.

[131]中华人民共和国国家统计局.中国统计年鉴2017.http://www.stats.gov.cn/tjsj/ndsj/2017/indexch.htm.

[132]中华人民共和国国家统计局.中华人民共和国2017年国民经济和社会发展统计公报.http://www.stats.gov.cn/tjsj/zxfb/201802/t20180228_1585631.html.

[133]中华人民共和国国土资源部,2016中国国土资源公报.

[134]民政部国家减灾办,2016年全国自然灾害基本情况.中华人民共和国民政部门户网站,2017-01-13.

[135]中华人民共和国民政部门户网站.2015年社会服务发展统计公报.2016-07-11.

[136]新浪国内新闻.国家防总:2017年洪涝灾害受灾人口已超1 490万.http://news.sina.com.cn/c/nd/2017-06-29/doc-ifyhrxsk1426163.shtml.

[137]大秦网.陕西多地风雹致7.35万人受灾,损失九千余万元.http://xian.qq.com/a/20170517/005160.htm.

[138]中国改革论坛.国外农业自然灾害风险管理制度建设与启示[J].http://chinareform.org.cn/Economy/Agriculture/Experience/201210/t20121012_152149.htm.

[139]农产品价格、收储制度、产权制度等改革将深入推进.http://news.xinhuanet.com/fortune/2016-12/21/c_129413970.htm.

[140]发改委.农产品价格形成机制和收储制度改革今年实现新突破.http://finance.sina.com.cn/stock/t/2017-01-23/doc-ifxzunxf1874046.shtml.

[141]农业部关于全面推进信息进村入户工程的实施意见.http://www.gov.cn/xinwen/2016-11/14/content_5132016.htm.

[142]农业部与中国气象局推进气象信息进村入户,气象服务将纳入益农信息

服务平台. http://www.gov.cn/xinwen/2016-10/11/content_5117452.htm.

[143] 第一财经日报. 主要国家农业补贴政策. 2010-08-28. http://futures.stockstar.com/IG2010082830000073.shtml.

[144] 农博网. 美国日本如何保护农业发展和农民利益？http://news.aweb.com.cn/2010/6/14/117201006140840930.html.

[145] 中国投资咨询网. 中国农业三项补贴改革，农业补贴三合一全国启动. 2016-07-05. http://www.ocn.com.cn/hongguan/201607/lmxhl05155916.shtml.

[146] 农业部部长：推动农村金融服务创新，实现农业现代化，与农村金融共赢发展. http://www.gov.cn/xinwen/2017-09/22/content_5226946.htm.